儿童社交能力养成课

徐可夫 著

天津出版传媒集团

天津科学技术出版社

图书在版编目（CIP）数据

儿童社交能力养成课 / 徐可夫著. -- 天津：天津科学技术出版社，2019.4（2023.3重印）
 ISBN 978-7-5576-5865-6
 Ⅰ.①儿… Ⅱ.①徐… Ⅲ.①心理交往－能力培养－学前教育－教学参考资料 Ⅳ.①G613
 中国版本图书馆CIP数据核字(2019)第018484号

儿童社交能力养成课
ERTONG SHEJIAO NENGLI YANGCHENGKE
责任编辑：方　艳

出　　版：	天津出版传媒集团
	天津科学技术出版社
地　　址：	天津市西康路35号
邮　　编：	300051
电　　话：	（022）23332695
网　　址：	www.tjkjcbs.com.cn
发　　行：	新华书店经销
印　　刷：	唐山市铭诚印刷有限公司

开本 880×1230　1/32　印张6　字数 110 000
2023年3月第1版第6次印刷
定价：42.00元

前 言

人际交往能力是通过语言、行动与周围的人交流信息与情感、建立关系的能力。

人际交往是孩子心理成熟与个性发展过程中的重要内容。能适应环境、与人正常交往是孩子心理健康的基础,也是一个人具备较好协调能力的表现。对孩子而言,人际交往的效果将直接影响他的学习以及自我意识的形成。

在孩子的成长过程中,与同伴的交往是很重要的一课。心理学研究表明:人际交往能力是教育的四个支柱之一,儿童早期的人际交往技能、交往状况会深深影响其未来的人际关系，甚至幸福生活。

一个具有良好社交能力的孩子知道如何与人融洽相处，如何解决冲突，也更容易在未来的人生中体验和享受成功感；而社交能力欠缺的孩子，往往会拘谨胆小、害羞怕生、孤僻退缩，或以自我为中心、不能合作、任性攻击，从而影响他以后的人际关系。

不过，社交能力并非天生，通过后天的训练是能够培养出较强的社交能力的。

本书是针对3~6岁的儿童设计的社交能力培养书，以俏皮可爱的图画和诙谐幽默的故事，引导孩子和小动物一起体验生活，察觉自我，通过阅读寻找自己的影子。本书通过教孩子们学会懂礼貌、学会说话、融入集体生活、学会合作和分享、学会化解矛盾冲突等五大社交主题，帮助孩子提升在不同情境中的社交能力，建立良好的人际关系，更好地融入社会，成为受欢迎的小朋友。

除了主题故事外,本书还设置了五大栏目:小猴讲故事、小猴考考你、小猴说社交、小猴小测验和小猴有话说。这些栏目集互动性、趣味性与知识性于一体,不仅能强化训练孩子的社交能力,还能为父母培养孩子的社交能力提供帮助。

读了本书,您再也不用羡慕别人家的孩子,您的孩子也可以很好地掌握社交技巧,成为一个受欢迎的小绅士或小淑女。

目 录

第一章　我要从小讲文明、懂礼貌

见到邻居阿姨，我会说"阿姨好" // 003

小朋友给我颗糖，我对小朋友说"谢谢" // 009

鞋带开了，我对妈妈说"请帮帮我" // 016

放学了，我要排队离开教室 // 023

放学了，我和老师说"再见" // 030

第二章　我有自己交朋友的方式

帮助了别人，我交到了很多的朋友 // 037

让内心强大，提升自己的安全感 // 043

与充满正能量的朋友多接触，提升自己 // 049

反省自己的不足，多发现别人的优点 // 055

第三章　我学会了怎样与小朋友说话

小伙伴有了伤心事，我会说安慰的话　// 063

惹小伙伴生气了，我会说"对不起"　// 069

小伙伴踩到我的脚，我会说"没关系"　// 076

陌生人给我糖果吃，我说"我不要"　// 082

小伙伴要把幼儿园的玩具带回家，我会说"不能这样做"　// 087

第四章　我很想和小伙伴一起玩

上幼儿园了，我与大家一起玩　// 095

去小伙伴家做客，我会懂礼貌、守规矩　// 101

幼儿园开运动会了，我也要报名参加　// 107

邀请小伙伴来家里做客，我热情待客　// 113

第五章　我把快乐分享给小伙伴们

我有一本有趣的书,借给你读一读吧　// 121

让我们一起来玩玩具小火车吧　// 126

饼干太好吃了,你也吃一块吧!　// 132

我有好多有趣的故事,讲给你听听　// 138

我要邀请小朋友们一起过生日　// 144

第六章　遇到困难事,我有办法

没有人陪我,我不怕孤单　// 151

总是打断别人说话,我要改掉插嘴的毛病　// 156

与小伙伴闹矛盾,用幽默来化解　// 162

小伙伴不和我玩,我不怕被孤立　// 167

总是犯同样的错误,我要彻底改正过来　// 173

第一章 我要从小讲文明、懂礼貌

小朋友,你知道吗?讲文明、懂礼貌是我们每个人都应该拥有的传统美德,我们应从小学会讲文明、懂礼貌。

你要学会使用礼貌用语:对爷爷奶奶、爸爸妈妈和老师要称呼"您";请求别人做什么或需要帮助时,要说"请";别人帮助了你,要说"谢谢";给别人添了麻烦时,要主动说"对不起";早晨上学见到老师、同学时,要主动打招呼说"您早""你好";放学回家时,要说"再见"。

小朋友,你记住了吗?

见到邻居阿姨,我会说"阿姨好"

小猴讲故事

小朋友,我先给你讲一个好听的故事,故事的名字是《懂礼貌的小兔子》。你听好了,我要开始讲了。

一天清晨,太阳公公很早就起床了,张开了笑脸,笑眯眯地看着小兔子。小兔子使劲地揉了揉眼睛,醒来了。他看见妈妈站在床边,高兴地说:"妈妈,早上好。"兔妈妈微笑着说:"宝宝,早上好。"

小兔子自己穿好漂亮的新衣服,将牙齿刷得干干净净,端起小碗,吃完了妈妈做的胡萝卜稀饭,然后对妈妈说:"妈妈,我们上幼儿园去吧。"

兔妈妈率着小兔子的手离开了家门，在路上碰见了邻居长颈鹿阿姨，小兔子连忙打招呼："阿姨，早上好。"长颈鹿阿姨微笑着说："小兔子，早上好。你真有礼貌，是个懂事的好孩子。"

不一会儿，兔妈妈和小兔子来到了幼儿园门口。小兔子看见山羊爷爷，立即大声地说："山羊爷爷，早上好。"山羊爷爷微笑着说："小兔子，早上好。"

兔妈妈牵着小兔子的手来到幼小三班门口。小兔子看见公鸡老师,立即大声说:"公鸡老师,早上好。"公鸡老师微笑着说:"小兔子,早上好。今天来得真早!"

时间不早了,兔妈妈要去上班了。小兔子和妈妈道别:"妈妈再见,路上小心点儿。"兔妈妈微笑着说:"宝宝再见,你真是个好宝宝。"

? 小猴考考你

小朋友,小兔子的故事讲完了,你听懂了吗?下面,我问两个小问题,你试着回答一下,怎么样?

1. 小兔子在去幼儿园的路上遇见了邻居长颈鹿阿姨,小兔子说什么了?
2. 小兔子来到幼儿园,碰见了山羊爷爷和公鸡老师,小兔子又说了什么?

小猴说社交

小朋友,在回答完两个小问题之后,你有没有想过这样一个问题:小兔子在去幼儿园的路上碰见了长颈鹿阿姨,在幼儿园遇见了山羊爷爷和公鸡老师,于是向他们打招呼,问声好。小兔子为什么要这样做呢?

答:_____

_____

_____

_____

小猴小测验

小朋友,如果你在路上碰见阿姨、叔叔或者老师、同学,你也会像小兔子一样问声好吗?下面就来说说你碰见别

人"问声好"的小例子。

1. 周六上午在超市碰见刘叔叔，我说："刘叔叔，上午好。"
2. 在小区公园玩耍，见到一位大哥哥，我说："大哥哥好。"
3. 晚上散步遇见幼儿园孙老师，我说："孙老师，晚上好。"
4. 遇见几个大姐姐在玩游戏，我说："大姐姐们好。"
5. 下午在电梯碰见邻居张阿姨，我说："张阿姨，下午好。"
6. 在路上遇见一位老奶奶，我说："奶奶好。"

小猴有话说

小朋友，今天我们学习了在社会交往中如何向他人打招呼、问声好，你学会了吗？

→ 见了熟人，主动大方打招呼，问声好

小朋友，当你见了熟人，要主动大方地上前说话，打招呼，问声好哟。这样，爸爸妈妈肯定欢喜得不得了，熟人也肯定夸你懂礼貌哟。

→ 与人打招呼应面带微笑

小朋友，当你与人打招呼时，应露出你的小牙齿，面带微笑，这一点很重要，你要记住哟。这样，别人就会夸你是一个会尊重人的好孩子哟。

> "小猴说社交"答案：小兔子是一个懂礼貌的好孩子。懂礼貌的孩子人人夸，我们要向小兔子学习哟！

小朋友给我颗糖,我对小朋友说"谢谢"

小猴讲故事

小朋友,当别人帮助了你,你会对别人说"谢谢"吗?如果你还不会,那么,让我先来给你讲一个故事吧。

一天,小熊在树林里玩耍。"呼呼呼"刮来一阵大风,哎呀!把小熊的帽子刮跑了,帽子飞啊飞啊,飞到了一棵大树顶上。

"我的帽子!我的帽子!"小熊急得一边哭一边追。

"咦,谁在哭呀?"正在一旁吃草的大象听见了,"噔噔噔"地走了过来,问:"小朋友,你为什么哭呀?"

"我的帽子飞了,飞到了大树顶上。"

大象连忙说:"不要哭,不要哭,我有长长的鼻子,我帮你拿帽子。"大象伸着长鼻子,可是够不着帽子。大象说:"小朋友,对不起,我拿不到帽子。"

小熊又哭了:"帽子,帽子,我的帽子!"

"咦,谁在哭呀?"在一旁散步的长颈鹿听见了,"哒哒哒"地跑了过来,问:"小朋友,你为什么哭呀?"

"我的帽子飞了,飞到了大树顶上。"

长颈鹿连忙说:"不要哭,不要哭,我有长长的脖子,我帮你拿帽子。"长颈鹿伸着长脖子,也够不着帽子。长颈鹿说:"小朋友,对不起,我也拿不到帽子。"

小熊哭得更厉害了:"帽子,帽子,我的帽子!"

"咦,谁在哭呀?"正在树上采果子的小猴子蹦蹦跳跳地奔了过来,问:"小朋友,你为什么哭呀?"

小熊说:"我的帽子飞了,飞到了大树顶上。"

小猴子连忙说:"不要哭,不要哭,我帮你拿帽子。"

小熊奇怪地问:"小猴子哥哥,你既没有长长的鼻子,又没有长长的脖子,怎么能拿到帽子呢?"

小猴子笑着说:"我会爬树呀!"说完,小猴子"噌噌噌"地爬上大树,拿到了帽子,小猴子把帽子戴在头上,又骨碌碌地爬下树,再把帽子戴在小熊头上。

小熊可开心了,连忙说:"谢谢你,小猴子哥哥!"

小熊又对大象和长颈鹿说:"也谢谢你们,虽然你们没有拿到帽子,但你们帮助了我。"

小熊、大象、长颈鹿和小猴子都开心地笑了。

❓ 小猴考考你

小朋友,小猴子帮助小熊拿到帽子的故事讲完了。我们先来回答下面两个小问题。

1. 小猴子帮助小熊拿到了帽子,小熊对小猴子说什么了?
2. 大象、长颈鹿都没有拿到帽子,为什么小熊还要感谢他们?

小猴说社交

小朋友,从上面的故事可以看出,小熊的帽子被风吹到

了大树顶上,大象、长颈鹿都拿不到,小猴子拿到了,小熊对小猴子说"谢谢",同时也对帮助过他的大象、长颈鹿表示感谢。小朋友,想一想,小熊为什么要对他们都表示感谢呢?

答:_____

_____

_____

小猴小测验

小朋友,当你在幼儿园或者在家里的时候,老师、小朋友或者爸爸妈妈帮助了你,你会像小熊一样说"谢谢"吗?下面来看看别人帮助了你,向别人说"谢谢"的小例子。

1. 老师递给我一杯水,我对老师说:"谢谢。"
2. 我的鞋带开了,奶奶帮我系好了,我对奶奶说:"谢谢。"

3. 我的书掉到了地上，小朋友帮我捡起来，我对他说："谢谢。"

4. 妈妈给我买了一件漂亮的裙子，我对妈妈说："谢谢。"

5. 隔壁的刘叔叔送给我一个玩具，我对刘叔叔说："谢谢。"

小猴有话说

小朋友，今天我们学习了在社会交往中，当别人帮助了你时，要学会向他人说声"谢谢"，你学会了吗？

→ **对爸爸妈妈说声"谢谢"**

小朋友，你知道吗？爸爸妈妈给了你生命，并辛辛苦苦养育了你，你应当对爸爸妈妈心怀感恩之情。爸爸妈妈在日常生活中帮助你，如帮助你穿衣、洗脸、刷牙、穿鞋子、洗衣服等，你要记得对爸爸妈妈说声"谢谢"哟。

→ 对老师说声"谢谢"

在幼儿园，老师教你识字、画画、唱歌、跳舞、做游戏，你要对老师的辛勤付出表示感谢。当老师教你学会了唱儿歌、学会了搭积木房子时，不要忘记对老师说声"谢谢"。

→ 对所有帮助你的人说声"谢谢"

小朋友，在生活中，只要别人帮助了你，不论是叔叔、阿姨、哥哥、姐姐，还是弟弟、妹妹等，你都应对他们表示感谢，因为感谢别人是对他人的尊重，是做人的一种美德。

"小猴说社交"答案：大象、长颈鹿、小猴子都帮助小熊拿帽子，小熊就应该向他们表示感谢，说声"谢谢"。小朋友，在人际交往中，别人帮助了你，你要学会感恩，而表达感恩要从说"谢谢"开始。

鞋带开了,我对妈妈说"请帮帮我"

> 🐵 小猴讲故事

　　小朋友,在平时的生活中,你有没有请别人帮忙呢?例如,你不会穿袜子,请奶奶帮忙穿上;你的鞋带开了,请妈妈帮忙系好;你的橡皮擦不见了,请小朋友们帮忙找一找;等等。

　　当你请求别人帮助你的时候,你会对别人说"请"字吗?如果你不说"请"字,别人是不会帮助你的哟;如果你说了,别人才会帮助你啊。

　　好了,让我们先来看一个小故事。

　　春天来了,天气特别好,阳光照在身上暖暖的。一只小

蜜蜂拎着一只小桶来到一大片花丛里采花蜜。

小蜜蜂在花丛中飞啊飞,飞到一朵美丽的红色桃花面前,非常不礼貌地说:"喂!快把花瓣儿打开,我要采蜜啦!"

桃花瞧了他一眼,什么也没说,依旧紧闭着花瓣。

小蜜蜂只好又来到了一朵白色的栀子花面前,说:"喂!快把花瓣儿打开,我要采蜜啦!"

栀子花和桃花一样,也不肯打开花瓣。

天渐渐黑了,小蜜蜂一丁点儿花蜜也没采到,他伤心地飞回了家。蜜蜂妈妈见了,就问:"孩子,今天怎么一点儿收获也没有?是不是又去哪儿玩啦?"

小蜜蜂一五一十地对妈妈说了发生的事情,蜜蜂妈妈听了,就对他说:"孩子,你总是'喂喂'地叫别人,一点儿礼貌也没有,别人当然不肯理睬你啦!试着用'您好,请……'和别人说话,我相信他们一定会非常乐意让你采花蜜的!明天再去试试吧!"

小蜜蜂听了,用力地点点头。

第二天一早，小蜜蜂就出去采蜜了，他照着妈妈的话去做，果然，采到了满满一大桶花蜜呢！小蜜蜂的心里，简直比吃了蜜糖还甜呢！

小黄花，请你把花瓣儿打开，好吗？我要采蜜啦！

❓ 小猴考考你

小朋友，刚才讲的是小蜜蜂采蜂蜜的故事。这个故事说明了不懂礼貌和懂礼貌的差别是很大的。小朋友，你听懂了

吗？下面，让我们先来回答两个小问题。

1. 小蜜蜂忙活了一天，为什么一丁点儿花蜜都没有采到呢？
2. 听了妈妈的话，小蜜蜂为什么采到了满满一大桶花蜜呢？

小猴说社交

小朋友，从上面的故事中可以看出，小蜜蜂开始一点儿花蜜也没有采到，后来听了妈妈的话，小蜜蜂采到了很多花蜜。小朋友，想一想，小蜜蜂后来为什么采到了花蜜，而且还采到了满满一大桶呢？

答：_____

_____

_____

_____

_____

_____

_____

小猴小测验

小朋友，小蜜蜂从不懂礼貌到懂礼貌，受到了许多花朵的欢迎，采到了很多的花蜜。因此，在与人交往中，我们要懂礼貌。请人帮忙，要说"请"；别人帮忙完了，要说"谢谢"。下面说说你请别人帮助时，向别人说"请"的小例子。

1. 午睡起床，我穿不上鞋子，需要老师帮忙，我对老师说："请帮帮我。"

2. 我的鞋带开了，不会系，我对妈妈说："请帮帮我。"

3. 我的小皮球掉到小河里,我对公园的工作人员说:"请帮我捞一下。"

4. 我还不会骑儿童自行车,我对爸爸说:"请扶着我。"

小猴有话说

小朋友,我们每个人都会遇到困难,当自己解决不了时,就需要请别人帮忙,记住请人帮助时要讲文明礼貌。我们从小要养成良好的习惯,做一个文明礼貌的好孩子。

→ 请人帮忙要说"请"字

小朋友,有困难请大人或者小朋友帮忙时,记得要说"请"。礼貌用语记心上,别人才会乐意帮助你哟。

→ 别人帮完忙,不忘说声"谢谢"

小朋友,当别人帮助了你时,要记得说声"谢谢",以表示谢意。这是有礼貌的表现,是你与他人交往的第一步。学会

了讲礼貌,往往就学会了最基本的交往规则,能给人好感,以后就可以交到很多朋友。

> "小猴说社交"答案:因为小蜜蜂在妈妈的教导下,懂得了与人交往要懂礼貌,特别是请别人帮忙的时候,更要懂礼貌,记得说"您""请"等礼貌用语,这样别人才会帮助自己。后来,小蜜蜂变得懂礼貌了,受到了花朵们的欢迎,花朵们也自愿让小蜜蜂来采花蜜,所以小蜜蜂采到了好多好多的花蜜。

放学了,我要排队离开教室

🐵 小猴讲故事

小朋友,今天我们来说一说有序排队这一文明行为。

排队,大家都不陌生吧,它是我们生活中不可避免的一种行为秩序,比如,你和爸爸妈妈去银行取钱,在超市买完东西后付款,挂号看病等,都会遇到排队的情况。当大家都想办同一件事情的时候,有序地排队是解决这个问题的最好方法。所以,要遵守社会秩序,需要我们学会等待、学会排队。

下面,我给你讲一个小狗、小牛和小猪排队的故事吧。

小狗和小牛是一对好朋友,他们天天一起上学,一起下课,一起玩耍,几乎形影不离。

一天中午,他们俩一起去食堂吃饭。领饭时,小狗和小牛排在同一个窗口安静地等待着。今天吃排骨,是小狗的最爱。眼看就要拿到饭了,忽然,小猪插队进来,拿走了托盘。小狗见了,马上扑过去,一把抢过托盘。

小猪叫了起来:"你为什么抢我的饭?"

"谁抢你的饭?这盘本来就是我的,是你插队把它抢走的!"

"我……我是有急事才这样做的……"

"你找借口吧,反正我不相信你!"

这是我的饭,你要排队领饭!不许插队!

小牛见了，连忙走上前去，对他们说："别吵了，别吵了！小猪同学，老师平时一直教导我们，在公共场合要讲文明，遵守公共秩序。领饭的时候就应该按先后顺序排队。你插队领饭，这么做是不对的。但是小狗，你也不要太冲动。我想，小猪一定是有原因才这么做的。"

"是，老师叫我吃完饭后马上回教室补写作业，我昨天的作业没做完，怕来不及，所以……"小猪不好意思地说。

"你有急事，跟我说一声，可以让你先领饭，为什么不说就插队呢？"小狗说道。

小牛转过身对小狗说："你看，小猪急着回去写作业，我们还是让他先吃吧。你想吃排骨，可以拿下一盘呀，为什么非要跟他抢呢？"

小狗和小猪都意识到了自己的错误。小猪红着脸说："小狗，我领饭的时候没排队，是我不对。这盘饭先给你吃吧。"小狗也难为情地说："我也有不对的地方，不应该和你吵架。你有急事，这盘饭还是你先吃吧！"

从此，小狗和小牛又多了一个很要好的朋友。他们三个

天天在一起，过得十分快乐。

❓ 小猴考考你

小朋友，刚才讲的是几个小动物排队领饭的小故事。这个故事说明了在公共场合，大家在做同一件事时应该排队。小朋友，你听懂了吗？下面，我要考考你了。

1. 小狗和小牛排队领饭，为什么小狗不让小猪先领饭呢？
2. 后来，小狗和小猪为什么又成了好朋友呢？

小猴说社交

小朋友，从上面的故事中可以看出，小狗和小牛在有秩序地排队领饭，当小狗要领到饭时，小猪突然拿走了饭，小狗便和小猪争吵了起来。小朋友，想一想，小狗和小猪为什么争吵呢？

答：_____

_____

_____

_____

_____

小猴小测验

小朋友，在生活中，我们做事要排队，如饮水、洗手要排队，户外做游戏要排队，放学了要排队离开教室，等等。排队做事的例子有很多。小朋友，你能再说说这样的例子吗？

1. 去动物园玩时，我和妈妈排队买票。
2. 在儿童乐园，我和其他小朋友一起排队玩滑梯。
3. 电梯门开了，我和叔叔阿姨们排队进入电梯。

4. 公交车来了,我和大人们排队上车。

5. 校车来了,我与小朋友们排队上车离开幼儿园。

小猴有话说

小朋友,你知道吗?排队是一种最平常的生活行为。有序地排队能让我们有一定的秩序感,它能让我们养成讲文明、懂礼貌的好习惯。那么,我们平时该如何做呢?

→ **在幼儿园学习排队**

幼儿园里有很多小朋友,所以做事要记得排队哟。比如,上下楼梯要排队,去操场玩要要排队离开教室,上厕所要排队,用餐时要排队。

→ **掌握排队的要点**

小朋友,排队也要掌握要点哟,请记住下面这首儿歌吧。

小朋友,排排队。你在前,我在后,一个跟着一个排。

你不推,我不挤,整整齐齐排好队,大家都说我真乖。

"小猴说社交"答案:因为小狗在排队领饭,而小猪没有排队,他插队领走了小狗的饭,所以小狗要拿回自己的饭,为此和小猪吵了起来。小猪没有排队领饭,他的做法是不对的。在公共场合,我们办事要排队,讲文明,守秩序,与人交往要懂礼貌,少争吵,互相理解。

放学了，我和老师说"再见"

🐵 小猴讲故事

小朋友，当你放学的时候，你跟老师打招呼吗？如果打招呼，你说什么呢？如果你不知道说什么，那么，请你来看下面这个故事吧。

小兔子总是没有朋友和他玩，他感到很寂寞，就去问山羊伯伯："为什么大伙儿都不喜欢和我一起玩呢？"

山羊伯伯说："因为你不懂礼貌！"

小兔子说："什么是礼貌啊？"

山羊伯伯说："你去问乌龟公公吧。"

小兔子找到乌龟公公问："喂！什么是礼貌啊？"

乌龟公公耐心地说:"求人帮忙要说'请',对长辈说话要称呼'您',若是不小心给别人带来麻烦要说'对不起''请原谅',分别时要说'再见'。"

"哦!原来是这样。乌龟公公,那我对您这位长辈应该称呼'您'呀!对不起,我刚才不懂礼貌,请您原谅!"小兔子一下子羞红了脸。

第二天下午,幼儿园放学了,小兔子高兴地对黑熊老师说:"黑熊老师,再见了!"黑熊老师也高兴地对小兔子说:"小兔子,再见!"因为,他发现小兔子变得懂礼貌了。

后来,小兔子成了懂礼貌的孩子,大伙儿都喜欢和他一起玩。

> **? 小猴考考你**

　　小朋友，上面讲的是小兔子从不懂礼貌到变得懂礼貌的故事。看完这个故事，你知道放学后要跟老师说什么了吗？是不是要跟老师说"再见"呢？对，就是说"再见"。好了，下面我要考考你了。

1. 为什么没有小朋友愿意和小兔子玩？
2. 后来，为什么大伙儿都喜欢和小兔子一起玩？

> **小猴说社交**

　　小朋友，从上面的故事中可以看出，小兔子由于不懂礼貌，别的小朋友不与他玩，后来在乌龟公公的教导下，小兔子懂得了与人交往要懂礼貌，这样才能受到别人的欢迎，才能与别人成为好朋友。连黑熊老师也喜欢小兔子了。

　　小朋友，想一想，黑熊老师为什么也喜欢小兔子了呢？

答：_____

_____

_____

💡 小猴小测验

　　小朋友，你知道吗？"再见"这个礼貌用语在什么时候用呢？一般来说，在与人分别的时候，你与对方说"再见"，意思是下次再见面。在生活中，与人说"再见"的时候有很多，小朋友，你能再说说吗？

1. 我要离开邻居阿姨家了，我跟阿姨说："再见。"
2. 我和妈妈出去玩会儿，我跟爸爸说："再见。"

🐵 小猴有话说

　　小朋友，你知道吗？与人见面要说"您好"，当与人分

别时要说"再见"。那么,我们平时该如何做呢?

→ 放学了,与老师、小朋友说"再见"

小朋友,放学了记得与老师说"再见"哟,同时,与小朋友也说"再见"。这是与人道别时常用的礼貌用语,我们一定要记得哟。

→ 礼貌地说再见,并摆摆手

小朋友,当你与别人说"再见"时,要表情自然,面带微笑,而且要略微抬高你的手,摆摆手,表示与别人礼貌道别。

> "小猴说社交"答案:因为小兔子变得比以前懂礼貌了,放学后知道和老师说"再见"了,黑熊老师发现小兔子懂礼貌了,所以当然也喜欢小兔子了。

第二章　我有自己交朋友的方式

自从去了幼儿园,我就开始有自己的交际小圈子。大人有大人的交际圈,我也有我的交际圈,有自己交朋友的方式。

因此,父母不用替我去筛选朋友,只需鼓励我去多结交朋友,自然而然地,我会比较出应该多与哪些朋友交往,并把朋友分成级别来相处。

帮助了别人,我交到了很多的朋友

小猴讲故事

小朋友,当你看到别的小伙伴遇到困难时,你会怎么做呢?是主动去帮助他们,还是袖手旁观呢?

其实,生活中的每个人都会遇到这样或者那样的困难,当陷入困境时,最希望得到别人的帮助,我想,你也有同感吧。你帮助了别人,别人也会帮助你,而且你又交了一个新朋友。

茂密的大森林里,住着许多可爱的小动物,其中就有一只小鸭子。

一天早晨,小鸭子正在河里快活地游来游去。突然,岸

边传来了叫喊声:"谁来帮我捡皮球?"

小鸭子赶快游过去,看见小猴子的皮球掉进了水中,他马上游过去帮小猴子捡起了皮球。

小猴子高兴地说:"谢谢你,小鸭子。"

小鸭子说:"不用谢,这是我应该做的。"

小鸭子正在河里戏水,只听"扑通"一声,他急忙游了过去,原来是一只刚会飞的小麻雀掉进了水里。小鸭子扎进水里奋力地救起了小麻雀,他气喘吁吁地把小麻雀送回岸边。

麻雀妈妈激动地对小鸭子说:"谢谢你救了我的孩子。"

小鸭子笑着说:"不用谢,这是我应该做的。"

过了一会儿,天空中下起了大雨。小鸭子急急忙忙往岸边游,这时一群小蚂蚁不知道怎么过河回家,在岸边急得团团转,小鸭子让小蚂蚁们爬到他的背上,把他们送到了河对面。

小蚂蚁们感动地说:"谢谢你。"

小鸭子不好意思地说:"不客气,赶快回家吧。"

后来,森林的动物们召开游戏大会。在会场上,小鸭子又碰见了小猴子、小麻雀和小蚂蚁们,他们向别的小动物介绍小鸭子,大家都夸小鸭子乐于助人,都乐于与小鸭子做朋友。小鸭子交到了很多新朋友。

小猴考考你

小鸭子热心地帮助别人,别人也帮助小鸭子。他们给小鸭子介绍了很多朋友,小鸭子也因此获得了很多新朋友。小朋友,听完了这个故事,下面来回答几个小问题吧,看看你是否听懂了。

1. 小鸭子帮助了哪些小动物？
2. 为了表示感谢，小动物们为小鸭子做了什么事情？

小猴说社交

从上面的故事中，我们可以看出，小鸭子热心地帮助别人，做了很多好事，因此，得到了其他小动物的一致赞赏，大家都很喜欢他，愿意和他做朋友。小朋友，想一想，这是为什么呢？

答：_____

_____

_____

_____

_____

小猴小测验

小朋友,你帮助过别人吗?你喜欢与你帮助过的人交朋友吗?想一想,你能再举几个这样的例子吗?

1. 我经常帮助苗苗搭积木,后来我和苗苗成了好朋友。
2. 有一次我帮助了涛涛,他介绍了一个和我一样爱画画的朋友与我认识。

小猴有话说

小朋友,你知道吗?社交能力是在你与他人,尤其是与同伴交往的过程中获得的一种能力。在与人交往中要待人热情主动,逐步学会与人交往,学会交朋友。

→ 和小伙伴多来往

小朋友,当你开始上幼儿园的时候,你有没有认识新

的小朋友，跟他交谈，并主动分享和其他小伙伴玩耍时的乐事？如果没有，要加紧练习哟。你要多用赞扬和肯定的口吻表示你对小伙伴的喜爱，多与小伙伴交往。

→ **多参加体育运动**

周末或者假期，可以叫上爸爸妈妈、小伙伴们、长辈、邻居等，到郊外、公园做运动，不仅能促进身体健康，而且能结识更多的同伴、好友。

> "小猴说社交"答案：在人际交往中，当你主动帮助别人时，别人会体会到你的热情，自然就会喜欢和你交朋友，并且还会介绍他身边的好朋友与你认识。这样，你就会交到很多新朋友。

让内心强大,提升自己的安全感

> 小猴讲故事

小朋友,今天我们讲"一个人的内心"这个话题。你知道吗?一个人的内心往往会影响到做事的方式和结果。一个内心不够强大的人,心中永远缺乏安全感,自然内心不够平静。内心不平静的人,处处是风浪。再小的事,都会被无限放大。强者通常平静如水,并且相对平和。

下面,先听一个关于水牛打败老虎的故事。

有一头水牛,虽然长得膘肥体壮,但胆小怕事,在动物世界中没有他不害怕的,就连那些小狗、小猫他也怕。于是,他成了受气包,谁都敢欺负他。

一天，水牛独自在河边啃着青草，突然间，一只老虎向他扑过来。水牛虽然吓得浑身发抖，但是出于本能，他还是使尽全身力气用蹄子踢了老虎一下。也许老虎太饿了，体力不支，它竟然被水牛踢倒在地，爬不起来了。

水牛惊呆了，他怎么也没想到会是这个结局。消息一下子在动物界传开了。大家都来到水牛身边，用敬佩的眼神看着他："能打败大老虎，真是个英雄。"水牛环顾周围的动物们，又壮起胆子看着倒在地上的老虎，这才相信自己真的不简单。

从那以后，水牛的内心强大起来，自信心大增，更加相信自己的能力。从此，再也没有别的动物敢欺负他了。

能打败老虎，真是个英雄。

小猴考考你

小朋友,水牛打败老虎的故事讲完了。听完这个故事,你是不是感觉到这是不可思议的事情啊?水牛拼死一搏,战胜老虎,那是内心强大力量的爆发。不仅为自己赢得了生命,更为自己战胜内心的恐惧而自豪。

1. 膘肥体壮的水牛为什么连小猫、小狗都害怕呢?
2. 后来,水牛为什么变得自信了呢?

小猴说社交

一个人的内心强大了,平时看似不可能办到的事情,都有可能办到。小朋友,在交朋友的过程中,你是否遇到过被朋友拒绝的事情呢?其实这并不可怕,只要你内心充满希望,一切皆有可能。水牛打败老虎的事例就是很好的佐证。小朋友,想一想,水牛由被任何小动物欺负到被动物

们崇拜，其中最重要的原因是什么？

答：＿＿＿＿＿＿＿＿＿＿＿＿＿＿＿＿＿＿＿＿＿
＿＿＿＿＿＿＿＿＿＿＿＿＿＿＿＿＿＿＿＿＿＿＿＿
＿＿＿＿＿＿＿＿＿＿＿＿＿＿＿＿＿＿＿＿＿＿＿＿
＿＿＿＿＿＿＿＿＿＿＿＿＿＿＿＿＿＿＿＿＿＿＿＿
＿＿＿＿＿＿＿＿＿＿＿＿＿＿＿＿＿＿＿＿＿＿＿＿

小猴小测验

小朋友，你在交朋友时感觉到过没有安全感吗？你是怎么应对的呢？请你列举几个这样的事例吧。

1. 我想和涵涵交朋友，他不愿意，我感到有些无助。
2. 好朋友浩浩与我分手，我内心虽然不愉快，但很快就调整了过来。

小猴有话说

如今,爸爸妈妈生怕委屈了你,在很多事情上都小心翼翼。你能做的事不让做,你能参加的活动不让参加,长此以往,好奇、好玩、敢于冒险的天性慢慢就会泯灭,养成胆小的习惯和懦弱的个性。

那么,我们如何做才能让自己摆脱脆弱,做一个坚强、自信、乐观的人呢?

→ 与积极向上的人交朋友

尽量保持乐观开朗,与积极向上的小伙伴交朋友,少接触那些懒散或消极的人。

→ 遇到困难,自己想办法解决

遇到什么事情自己想办法,尽量不要靠父母解决。遭受挫折时,要告诉自己:没关系的,只是暂时没成功,再想办法试试,相信会成功的!

→ 换个角度想问题

比如，自己把心爱的玩具弄丢了，你可以这样想：谁会捡我的玩具呢？应该是个没钱买玩具的可怜的小伙伴，没有人给他买玩具，他捡到那个玩具该多开心啊！就当送他一个礼物好了。

> "小猴说社交"答案：水牛打败了老虎，连水牛自己都不敢相信。由此，水牛内心的自信被激活，变得强大起来，再也没有别的动物敢欺负他了，安全感得到了空前的提高。同样的道理，我们在交朋友时内心强大了，就不怕被人拒绝了，也不怕没有安全感了。

与充满正能量的朋友多接触,提升自己

小猴讲故事

小朋友,当你想找小伙伴交朋友时,你会找什么样的人呢?也许你会说"与合得来的人交朋友""与自己性格差不多的人交朋友"。但是,你忽视了一点,与正能量的人做朋友,你会学到很多知识,还会提高自己。

下面,先听一个关于小熊交朋友的故事。

森林里,有一只小野猪很爱学习,经常去找森林里的动物学本领。

他向大象学举重,向鼹鼠学钻洞,向老虎学吼叫,只要是自己不会的他都想学会。

不久后,小野猪学会了很多动物的本领,他的名字也渐渐传遍了大森林,很多动物都想认识这只爱学本领的小野猪。

一只懒惰的小熊听说了小野猪的大名,他想与小野猪交朋友。

他来到小野猪住的地方,小野猪热情地接待了他。

小熊问小野猪:"你学那么多的本领干什么呢?"

小野猪回答说:"我学习别人的长处,好弥补自己的短处,这样才能令我的身体更强壮,而且通过学习本领可以结交很多朋友,我认为这才是最珍贵的。"

小熊听完小野猪的话,觉得小野猪很了不起。他决定跟小野猪交朋友,跟他学本领。

从此,小野猪和小熊成了好朋友,小熊变得勤快多了,还学到了不少本领。

小猴考考你

小朋友，小熊交朋友的故事讲完了。懒惰的小熊在爱学习的小野猪的影响下，变得勤快了，还学到了很多本领。接下来就请你试着回答下面几个小问题吧。

1. 小野猪为什么要向许多动物学习本领呢？
2. 小熊和小野猪成为朋友后，有哪些变化？

小猴说社交

每个人都会交朋友，但是交的朋友对自己是有好处还是有坏处，那就不一样了。懒惰的小熊和爱学习的小野猪交朋友，发生了很大的变化，变得又勤快又爱学习了。小朋友们，想一想，这是什么原因呢？

答：_____

小猴小测验

小朋友,你交对朋友了吗?你的朋友很优秀吗?你的朋友充满正能量吗?如果是的,请你列举几个这样的事例。

1. 明明舞蹈特别棒,我经常请他教我跳舞,后来我们成了好朋友。

2. 婷婷画画很好,我和她是好朋友,在她的帮助下,我画画进步得很快。

3. 妞妞唱歌很动听,我经常和她一起唱歌,我唱歌的水平不断提升。

🐵 小猴有话说

喜欢和其他人接触是人的本性。小朋友,你走进学校,刚刚学习与人交往,虽然怀着强烈的寻找朋友的欲望,但是你的判断能力还不完善,不能分辨出适合交往的对象,往往觉得能玩到一起,就把对方当作朋友。

如果交到优秀的朋友,就会受益一生;如果交到品行不端的朋友,就有可能做出不恰当的事情来,甚至会误入歧途。

那么,我们该如何去做呢?

→ 选择优秀的朋友

每个人身上都有这样那样的缺点,但优秀的人会不断弥补缺点,发扬优点。小朋友,你应选择优秀的人,与朋友相互帮助,一起进步。

→ 多与优秀的人接触

多与优秀的人接触,能从他们身上得到积极的心理暗

示,从小养成良好的习惯,播下成功的种子,逐渐成长。

"小猴说社交"答案:和什么样的人交朋友,你就会拥有什么样的人生。和懒惰的人交朋友,你就会变得懒惰;和勤奋的人交朋友,你就会变得勤奋。因此,你应该多跟优秀的、充满正能量的人接触,这样才能让自己各方面的能力得到提升。

反省自己的不足，多发现别人的优点

> 🗨 小猴讲故事

小朋友，当你和一个小伙伴成为朋友后，在交往的过程中，如果你发现他有一些缺点，你该怎么办呢？是不和他交朋友了，还是继续做好朋友？

如果你左右为难，不知道如何去做，那么，先听听下面这个关于小松鼠交朋友的故事吧。

小松鼠没有一个朋友，他很孤独。于是他决定多交几个朋友。

第二天，小松鼠出门去玩，碰到了小猪，问："你愿意做我的朋友吗？"小猪回答："愿意。"小松鼠就和小猪做了朋友。

过了几天,小松鼠发现小猪有个缺点:不讲卫生。小松鼠想:和他做朋友,会坏了我的名声。于是,小松鼠离开了小猪。

小松鼠又碰到了小熊,就问他愿不愿意和自己做朋友,小熊回答:"愿意。"于是,小松鼠就和小熊做了朋友。

没过几天,小松鼠发现了小熊的缺点:太笨。于是,小松鼠又离开了小熊。

现在,小松鼠一个朋友也没有了,他既伤心又难过,心里一直想着一个问题:为什么我交不到朋友呢?

小猴考考你

小朋友，小松鼠交朋友的故事讲完了。当你发现朋友的缺点时，你知道应该怎么去做了吧？这个故事给了我们很多启发，很有教育意义。请你试着回答下面几个小问题。

1. 小松鼠和小猪、小熊交朋友，为什么小松鼠最后都离开了他们？
2. 小松鼠为什么交不到朋友呢？

小猴说社交

交朋友，看似是一件自然而然的小事，但是需要不断地培养和锻炼，不断地提高自己的修养。小朋友，你再想一想故事中的小松鼠，他为什么交不到朋友呢？

答：_____

小猴小测验

小朋友,你在交朋友时碰到过类似的事情吗?如果有,你是怎么处理的?下面,请你列举几个你交朋友的事例。

1. 我发现好朋友苗苗有些小气,但她为人谦和,我还是与她继续做朋友。

2. 婷婷是我的好朋友,为人善良,就是脾气有点儿大,爱发火,我每次都迁就她。

3. 浩浩总是爱占别人的便宜,我不想与他交朋友。事后,我反省是不是我做得不对。

小猴有话说

小朋友,我们每个人都有自己的缺点和优点,所以在交朋友时要多看别人的优点,少在意别人的缺点,同时还要反省自己的不足。那么,我们该如何去做呢?

→ 发现和欣赏别人的优点

小朋友,你知道吗?每个人都有自己的优点和缺点,我们不能总盯着别人的缺点不放,而要学会发现和欣赏对方的优点。优点多了,一点儿小缺点就变得微不足道了。

→ 时刻反省自己的不足

批评别人易,反省自身难。人们常常喜欢从别人身上挑毛病,这样也不好,那样也不对,一旦出现问题,总是认为是

别人的错误造成的,而自己好像一点儿错也没有。其实,这样是不对的,我们应时刻反省自己的不足,这样才能正确认识别人的缺点。

"小猴说社交"答案:小松鼠在和朋友相处的过程中,总是只关注别人的缺点,看不到别人的优点,而且他离开一个朋友后,没有反省自己的不足,总以为别人配不上与他做朋友,于是交一个朋友,离开一个朋友。

第三章　我学会了怎样与小朋友说话

　　小朋友，你知道吗？我们平时与他人说话就是与人交流沟通。会说话的小朋友，大家都喜欢他，并且都爱和他一起玩耍，他会拥有很多朋友。如果不会说话，那么他不仅会失去朋友，而且小朋友们也都不会喜欢他。

　　因此，我们要学会好好说话，这样你才能有好多朋友哟。

小伙伴有了伤心事，我会说安慰的话

> 小猴讲故事

　　小朋友，我们每天都高兴地去上学，开心地学习，愉快地和小伙伴们一起玩耍，大家都在开心快乐地生活着。快乐是美好的，但是不快乐、伤心的事情也是存在的。如果有一个小伙伴伤心地哭了，你该怎么办呢？怎么去安慰他呢？

　　如果你不知道怎么做，就听听下面这个关于小黑狗安慰小花猫的故事吧。

　　一天，小花猫妈妈给了小花猫10元钱，叫他到集市去买鱼。

　　小花猫手里拿着钱，嘴里哼着歌，高兴地朝集市走去。走着走着，小花猫看见好多花蝴蝶飞来了，多漂亮的蝴蝶

啊,小花猫看了真喜欢,忍不住伸手去抓蝴蝶。

花蝴蝶在草丛间飞来飞去,小花猫追着花蝴蝶跑来跑去,且越跑越远,等他跑累了停下来时,才发现手里的钱不见了,再回头一看:"糟糕,这是什么地方啊?"小花猫这下可着急了,买鱼的钱丢了,还迷了路,怎么办呢?

"呜呜呜",小花猫急得哭了起来。这时,一只小黑狗刚好经过这里,听到哭声,连忙过来询问原因。小花猫哭着把事情的经过告诉了他,小黑狗听了连忙安慰小花猫:"小花猫,别着急,我来送你回家,以后可不能贪玩了。"

小花猫点点头,跟着小黑狗回家去。在回家的路上,小黑狗帮助小花猫找到了丢失在草丛中的钱。

> 小猴考考你

小朋友，小花猫和小黑狗的故事讲完了。故事讲述了一只小花猫追蝴蝶迷路了，而且把钱弄丢了，小黑狗安慰小花猫，帮助小花猫找到了丢失的钱，还把他送回了家。小朋友，这个故事你听懂了吧，试着回答下面几个问题吧。

1. 小花猫为什么迷路了？
2. 小花猫迷路了，小黑狗是怎样安慰小花猫的？

> 小猴说社交

小朋友，听完了小黑狗帮助小花猫的故事，你有什么启发呢？我们应向小黑狗学习，当看见别的小朋友不开心、遇到伤心事时，应该懂得去安慰小伙伴，并且尽力去帮助他，如果自己不能做到，可以向大人求教。小朋友，你再想一想故事中的小黑狗，他为什么安慰小花猫？

答:＿＿＿＿＿＿＿＿＿＿＿＿＿＿＿＿＿＿＿＿＿

＿＿＿＿＿＿＿＿＿＿＿＿＿＿＿＿＿＿＿＿＿＿＿

＿＿＿＿＿＿＿＿＿＿＿＿＿＿＿＿＿＿＿＿＿＿＿

＿＿＿＿＿＿＿＿＿＿＿＿＿＿＿＿＿＿＿＿＿＿＿

＿＿＿＿＿＿＿＿＿＿＿＿＿＿＿＿＿＿＿＿＿＿＿

小猴小测验

小朋友,当你身边的小伙伴或者家人遇到伤心事或者心情不好时,你要学会去安慰他们哟。下面,请你列举几个发生在你身边的例子。

1. 明明受到老师的批评,心情很不好,我安慰他说:"老师为你好,多听老师的话。"

2. 妈妈腿疼,情绪很差,我安慰妈妈说:"妈妈,我来给您揉揉腿。"

3. 邻居阿姨骑车不小心摔倒了,我赶紧去扶她,问:"阿姨,摔疼了吗?"

4. 爷爷的手机丢失了,一直很痛惜,我对爷爷说:"爷爷,不要难过了,我让爸爸再给您买一个。"

小猴有话说

小朋友,今天我们学习了在社会交往中,当别人心情不好时,要学会去安慰别人,你学会了吗?

→ **安慰别人,要说些积极、鼓励的话**

当别人心情不好时,需要积极、鼓励的话来振奋精神。所以,小朋友,你在安慰别人时,不妨说些鼓励别人的话,这样别人的心情就会有所好转。

→ **如果无法安慰别人,请不要说话,只在旁边陪着他**

小朋友,如果你想安慰别人,但一时不知说什么话好,这时,你就不要说话了,只需在旁边陪着他。因为,有时陪

伴也是很好的安慰。

"小猴说社交"答案:当时小花猫迷路了,而且钱丢了,心里十分难受,这时候最需要别人的安慰,通过别人安慰的话来缓解悲伤的心情。因此,小黑狗先安慰小花猫不要着急,答应送他回家,小花猫心里好受多了。所以,当别的小伙伴遇到伤心的事情时,记得去安慰他哟。

惹小伙伴生气了，我会说"对不起"

🐵 小猴讲故事

小朋友，当你和别人一起玩耍时，不小心惹对方生气了，你该怎么办呢？这时，你应该向他道个歉，求得他的谅解。这样对方的怒气才会因你的诚意而消失，也就原谅你了。

因此，当你与其他小伙伴一起玩耍、惹他们生气时，记得对他们说些请求原谅的话，这样你们还是好朋友。

小猴子和小刺猬交上了朋友，他们在一起玩捉迷藏，玩得很开心。小刺猬不小心，身体碰了一下小猴子的手，小猴子被尖利的刺刺得哇哇直叫。小猴子生气地说："我们是朋

友,你怎么可以刺我!"

小刺猬说:"都怪我不小心,对不起,请你原谅。"

小猴,对不起,我不是故意的。

小猴子抚摸着被刺痛的手,说:"你说'对不起'就完了?我现在还痛得很呢,我不和你交朋友了!"

小猴子回到家,把这件事告诉了妈妈。猴妈妈温和地对小猴说:"谁都难免会犯错误,小刺猬已经对你说'对不起'了,你应该原谅他才对。再说,小刺猬是因为不小心才刺到你的手的,他不是故意的。"

小猴子听了妈妈的话,觉得很有道理,于是原谅了小刺猬，他们又在一起快乐地玩了起来。

小猴考考你

小朋友，小猴子和小刺猬的故事讲完了。他们俩在玩耍时闹了点儿小矛盾，后来在猴妈妈的教导下，他们又是朋友了。这个故事你听懂了吧，下面，我要考考你了哟。

1. 小刺猬不小心刺到了小猴子的手，他对小猴子说什么话了？
2. 小猴子刚开始没有原谅小刺猬，为什么后来又和好了？

小猴说社交

小朋友，当你和小伙伴玩耍时，不小心踩到了小伙伴或者碰到了小伙伴，应该怎么办呢？是默不作声，还是向小伙伴说声"对不起"呢？在这个故事中，小刺猬不小心扎到了

小猴子的手，小刺猬当场向小猴子说"对不起"。小朋友，想一想，小刺猬为什么要这样做呢？

答：_____

_____

_____

_____

_____

_____

小猴小测验

小朋友，当你在幼儿园或者在家里的时候，如果不小心做错事情了，你会像小刺猬一样说"对不起"吗？下面请你说说你做错事时向别人说"对不起"的小例子吧！

1. 有一次,我在幼儿园抢了小朋友的玩具,事后我对他说:"对不起。"

2. 走路不小心踩到妈妈的脚了,我会马上对妈妈说:"对不起。"

3. 喝水时不小心将水洒到小朋友的衣服上,我会说:"对不起。"

4. 在游乐园玩水枪游戏时,我不小心把水溅到一位老爷爷的身上,我及时对他说:"对不起。"

5. 上幼儿园我迟到了,我对老师说:"对不起"。

小猴有话说

小朋友,今天我们学习了在社会交往中,当你做错了事,要学会向他人道歉,说声"对不起",你学会了吗?

→ 及时道歉,说"对不起"

小朋友,当你做错事时,记得及时向别人道歉,说声"对

不起"。这样，别人才不会生气，才不会说你不懂礼貌哟。

→ 知道自己错在哪里

小朋友，当你的行为让别人不高兴时，你知道自己到底哪里出错了吗？清楚地认识到错误并有针对性地道歉，效果会更好。

→ 站在对方的角度，体验别人的感受

小朋友，当你做错事的时候，是不是不好意思向别人说"对不起"？可是，如果别的小朋友弄坏了你的积木模型，他什么也不说，你是不是感觉很难受呢？如果他说"对不起"了，你就会感觉好多了，是不是？因此，你要学会站在对方的角度，体验别人的感受。

→ 说声"对不起"，会被别人原谅的

小朋友，当你做错事的时候，你不肯认错，是不是害怕承担后果呢？其实，做错事情不可怕，只要勇于认错，说声

"对不起",是会被别人原谅的,这样别人就会继续和你做好朋友了。

> "小猴说社交"答案:小刺猬知道,做错事情就应该向别人道歉,说"对不起"才能得到别人的原谅。在人际交往中,我们每一个人都必须学会道歉,做错事情了,要及时对别人说声"对不起"。

小伙伴踩到我的脚,我会说"没关系"

小猴讲故事

小朋友,当你和别人一起玩耍时,别人不小心踩到你的脚了,你该怎么办呢?如果对方马上向你道歉了,你该说什么?如果你不知道该怎么说,那么请看下面的故事吧。

从前,有一只乌鸦喜欢乱扔垃圾,吃不完的食物就扔在路边。

有一天,小麻雀刚好经过这里,看到乌鸦这种不良行为,便批评起乌鸦来。可乌鸦听不进去,还说麻雀多管闲事。小麻雀觉得乌鸦不听劝告,没有办法,只好离开了。

夏天来了,由于天气炎热,乌鸦扔在路上的食物都变

质、腐烂了。

这一天，乌鸦正在窝里睡觉，闻到了一股臭烘烘的味道。开门一看，原来外面都是自己丢的垃圾。旁边树上的鸟儿都搬家离开了。这时，乌鸦似乎知道了不能乱扔垃圾，否则害人害己。

从此，乌鸦改正了错误，和小麻雀成了一对十分要好的朋友。

小猴考考你

小朋友，乌鸦和小麻雀的故事讲完了。小麻雀劝告乌鸦不要乱扔垃圾，乌鸦说小麻雀多管闲事。后来，环境污染了，乌鸦不得不搬家。

乌鸦在路上碰见小麻雀，向小麻雀道歉。小麻雀原谅了乌鸦，他们成了好朋友。

这个故事你听懂了吧。下面，我要考考你了哟。

1. 乌鸦为什么要搬家？
2. 乌鸦向小麻雀承认了错误，小麻雀对乌鸦说了什么？
3. 最后，乌鸦和小麻雀的关系如何了？

小猴说社交

小朋友，在你和别的小朋友交往的过程中，会说话和不会说话完全是两回事儿。

故事中的乌鸦不会说话，骂小麻雀是多管闲事。后来，乌鸦认识到自己的错误后，小麻雀一句"没关系"原谅了乌鸦的过错，二人成为好朋友。这说明了什么问题呢？

答：_____
_____
_____
_____
_____
_____

小猴小测验

小朋友，乌鸦和小麻雀的故事对你启发很深吧，小麻雀的行为值得我们去学习哟。在生活中，当别人做错事的时候，你知道该怎么说了吧。下面，你能再举几个例子吗？

1. 做早操时,一个小朋友的手碰到了我的头,他说声"对不起",我说"没关系"。

2. 在幼儿园里,一个小朋友不小心把我的衣服弄脏了,他对我说"对不起",我说"没关系"。

3. 妈妈因为起床晚,送我上学迟到了,向我道歉,我对妈妈说"没关系"。

4. 叔叔开车轧坏我的玩具,向我道歉,我说"没关系"。

小猴有话说

小朋友,今天我们学习了在社会交往中,当别人做错事向你道歉时,你要学会说声"没关系",你学会了吗?

→ 站在对方的角度为别人着想

站在对方的角度,设身处地为他人着想,理解他人这样对待自己一定有他的原因,从而做到善解人意,不至于弄得自己不开心。

→ 原谅别人的过错

小朋友,人无完人,每个人都有做错事的时候。当别人做错事情时,你应该大度地原谅他,这会让对方佩服你的宽容。

"小猴说社交"答案:在人际交往中,我们要学会怎样与人说话。一句不礼貌的话,能引起人与人之间的矛盾;一句原谅的话,能化解人与人之间的仇恨。

陌生人给我糖果吃，我说"我不要"

小猴讲故事

小朋友，如果有小伙伴叫你一起去河边玩水、爬围墙或者去游戏厅打游戏，你去吗？如果一个陌生人给你糖果吃，你会吃吗？你是答应他们的请求，还是摆摆手，果断地拒绝说"我不去""我不要"呢？如果你不会拒绝，那么你就可能会有危险。下面，给你讲一个故事，听完故事你就知道该如何去做了。

一只蝎子要过河，别的动物都不敢渡他，怕他乱蜇人。

这时，来了一只青蛙。蝎子恳求青蛙渡他过河。青蛙说："要我带你，万一你蜇我一下，怎么办？""不会的，我要

是蜇你,我不也被淹死了吗?"蝎子肯定地说。

青蛙觉得有道理,就答应了蝎子。青蛙吃力地划着水,到了河中央,青蛙突然感到背部一阵疼痛,渐渐地连划水的力气都没有了。他知道蝎子在后面蜇了他,自己中毒了。

青蛙和蝎子都快要死了,临死时,青蛙望着蝎子,怒斥道:"你为什么要蜇我?"蝎子绝望地说:"我忍不住。"

? 小猴考考你

小朋友,青蛙和蝎子的故事讲完了。青蛙渡蝎子过河,不料蝎子蜇了青蛙,青蛙中毒,蝎子和青蛙都沉入了河底。

小朋友,这个故事你听懂了吧,下面,我要考考你了哟。

1. 别的动物都不敢渡蝎子过河,为什么青蛙答应了呢?
2. 蝎子为什么蜇青蛙?

小猴说社交

小朋友,讲完了青蛙和蝎子的故事,你有什么感想呢?其实,现实生活中,经常会有类似的事情发生。对于这个故事,我们不仅为青蛙感到可惜,还对蝎子感到愤恨。那么,你想过没有,为什么青蛙会遭此厄运呢?

答:_____
_____
_____
_____

小猴小测验

小朋友,青蛙和蝎子的故事对你启发很深吧。下面,你能再举几个例子吗?

1. 一位陌生的叔叔给我糖果吃,我会说"我不吃"。
2. 妞妞叫我和他一起去游戏厅玩游戏,我对他说"我不去"。
3. 涛涛喊我去河边玩水,我会说"我不去"。

小猴有话说

小朋友,今天我们学习了在社会交往中,当别人叫你做危险的事情时,要学会拒绝他人,否则,到时后悔就来不及了哟。

→ 果断说"不",不要犹豫

小朋友,当别人叫你做危险的事情,或者你觉得这件事

不能去做时,你不要碍于情面,应果断拒绝,不要犹豫。否则,对方就会以为你想去做,只是没考虑好。因此,要学会果断地说"不",不给别人其他幻想。

→ 事后告诉爸爸妈妈

小朋友,事后,你要告诉爸爸妈妈,让爸爸妈妈指导你以后遇到这样的事情,除了拒绝,还有更多的办法来处理。

> "小猴说社交"答案:青蛙不懂得拒绝别人,面对本性难改的蝎子,为避免不必要的伤害,应果断拒绝。在人际交往中,我们要学会拒绝他人,对于危险的事情或者别人强迫你做什么事情时,应果断拒绝,大胆地说"我不去""我不要"……这样才能保护自己免受不必要的伤害。

小伙伴要把幼儿园的玩具带回家,我会说"不能这样做"

> 小猴讲故事

小朋友,我们每天在幼儿园里学习、玩玩具、做游戏。幼儿园里有很多好玩的玩具,小朋友一定很喜欢吧。如果你发现有的小朋友把玩具偷偷带回家,你会怎么做呢?如果你还不知道,那么,请你看看下面的故事。

一天,小狗到小熊家里做客。小熊家里有很多五颜六色的贝壳,漂亮极了。

小狗特别喜欢一个蓝色的小贝壳,拿在手里看了又看。因为太喜欢了,小狗就把这个蓝贝壳带回了家。

回到家里,小狗把这个蓝贝壳捧在手里,爸爸看见了问:"这是从哪儿来的?"

小狗说:"这是我从小熊家里拿的。"

爸爸问:"小熊知道吗?"

小狗低下头说:"不知道,我是因为太喜欢了,就不自觉地带回家了。"

爸爸严厉地说:"孩子,你不能这样做。别人的东西不能拿,尤其是在别人不知道的情况下,这种行为是不对的。如果你想要,你跟爸爸说,爸爸会买给你。"

小狗伤心地说:"我没想那么多,只是喜欢。"

爸爸说:"就是再喜欢,不经别人的允许,我们也不能拿。你把这个给小熊送回去吧。"

小狗意识到自己的错误,把小贝壳还给了小熊。

小狗惭愧地说:"对不起,小熊,我只是太喜欢了,不是故意拿你的贝壳的,请你原谅我。"

小熊说:"没关系,如果你喜欢,我就把它送给你吧。"

小狗高兴极了。

? 小猴考考你

小朋友，上面的故事告诉我们：别人的东西即使再好也不能偷拿，偷拿的行为是不对的。如果你喜欢，就可以告诉你的爸爸妈妈。这个故事听懂了吧，下面，我要考考你了哟。

1. 小狗为什么把小熊家的蓝贝壳带回家了呢？
2. 狗爸爸为什么严厉地批评了小狗？

小猴说社交

当狗爸爸得知小狗从小熊家偷拿贝壳后,非常生气,严厉地批评了小狗并让他归还。小朋友,你知道狗爸爸为什么要那么做吗?

答:_____

_____

_____

小猴小测验

小朋友,你知道吗?帮助别人改正错误,其实也是在提高自己的修养。在现实生活中,你能再举几个这样的事例吗?

1. 苗苗将幼儿园里的积木放在自己的口袋里准备带回

家，我对她说"不要这样做"。
2. 比赛结束了，涛涛要把剩下的矿泉水拿走，我对他说"不要这样做"。
3. 铭铭把超市的糖果偷偷放进自己的口袋，我对他说"不要这样做"。

小猴有话说

小朋友，你知道吗？幼儿园的小朋友对物品是谁的还不十分清楚，于是有时就会把别人或幼儿园的物品当成自己的东西，"自然而然"地拿回自己的家。

其实，如果这时有人劝说他，他就会明白这样做是不对的，慢慢地就会改正过来。

→ 耐心劝说，讲明道理

在制止了别人不要这样做以后，要耐心地给对方讲道理，使对方明白这样做是不对的。如果没有讲清这样做不对的原因，对方下次还会再犯的。小朋友，你记住了吗？

→ 不要大声责怪，更不要把对方当成小偷

小伙伴拿了东西，也许是出于好奇或者是确实喜欢，只要归还就行。小朋友，这时你不要大声责怪，更不能把对方当成小偷，否则就会伤害对方的自尊心。

"小猴说社交"答案：没有经过允许，不能拿别人的东西。在人际交往中，当你看见小朋友拿别人的东西时，应及时阻止，告诉他"不能这样做"，这样说，可以立即打消对方的念头，帮助小朋友改掉这个坏习惯。

第四章　我很想和小伙伴一起玩

在正常的成长中，我们应该是开朗、活泼的，喜欢和小伙伴一起玩、一起闹，可是身边还是会有很多小伙伴不喜欢和其他小朋友一起玩，只喜欢一个人独自待在一个角落里。

小朋友，你知道吗？其实，这种喜欢一个人玩的行为是不对的。我们应该一起玩，一起成长。

上幼儿园了，我与大家一起玩

小猴讲故事

小朋友，当你到了上幼儿园的年龄的时候，爸爸妈妈就会送你去上幼儿园。幼儿园里有很多小伙伴，那里的小伙伴都喜欢玩耍，所以等你去幼儿园了，一定要和小伙伴们一起开心地玩哟。

小熊拿着三只气球到草坪上玩，有红色的、黄色的和蓝色的。小鸟、小鸭和小狗都向小熊要气球玩。

小鸟说："小熊哥哥，借我一只气球玩好吗？"小熊瞪了一眼小鸟，说："不行！你的嘴巴那么尖，会把我的气球啄破的。"

小鸭说："小熊哥哥，借我一只气球玩好吗？"小熊瞟了一眼小鸭，说："不行！你喜欢在水里游，会把气球弄湿。"

小狗说:"小熊哥哥,借我一只气球玩好吗?"小熊看了小狗一眼,说:"不行!不行!你玩气球时,会把我的气球踩爆的。"

小鸟、小鸭和小狗都很生气,大家都不理睬小熊了,小熊自己玩得没意思,于是"哇哇"大哭起来。

这时,一阵风吹来,气球被吹走了。红气球被吹到了树上,黄气球被吹到了河里,蓝气球被吹到了山坡上。

小鸟在树上捡到了红气球,小鸭在河里捡到了黄气球,小狗跑到山坡上捡到了蓝气球。小熊的哭声更大了。

小鸟飞过来说:"小熊,别哭了,我把红气球还给你。"小鸭说:"我把黄气球也还给你。"小狗说:"小熊,别哭

了,我把蓝气球也还给你。"

小熊脸红了,不好意思地说:"还是我们大家一起玩气球吧!"于是,大家在草坪上一起玩气球,别提有多开心了!

❓ 小猴考考你

小朋友,你看看,小熊、小鸟、小鸭和小狗玩得多开心啊!大家在一起玩,才是最开心、最快乐的!这个故事听懂了吧,下面,我要考考你了哟。

1. 小熊为什么不把气球给小鸟、小鸭和小狗玩呢?
2. 后来,他们为什么在一起玩得那么开心呢?

🕶 小猴说社交

在上面的故事中,小熊一个人在草坪上玩气球,小鸟、小鸭和小狗向小熊要气球玩,但小熊没有给他们。一阵风吹

来，把气球吹跑了，他们帮助小熊找回了气球。小熊答应他们一起玩气球了。小朋友，想一想，小熊为什么同意大家一起玩气球了呢？

答：_____
_____
_____

小猴小测验

小朋友，平时你是一个人玩，还是与其他的小伙伴一起玩呢？你能举几个这样的事例吗？

1. 周末，我拿着爸爸刚给我买的新玩具坦克，和小区的小伙伴一起玩。
2. 广场上有许多小伙伴在玩轮滑，我也加入了他们，和他们一起玩。

3. 我在玩打地鼠的游戏,我邀请在旁边观看的几个小伙伴一起玩。

小猴有话说

幼儿园是个大家庭,许多同龄的小伙伴在那儿学习、玩耍。小朋友,这正是你与他们一起玩的好机会,在那里你会认识很多朋友,学到很多知识,还能学到很多与人相处的技巧。

→ 与小伙伴一起玩游戏,能使你更易相处

小朋友,玩游戏在幼儿园是非常多的,你与大家玩游戏是不是很开心呢?肯定是的。因为,与小伙伴们一同玩游戏可以增进彼此之间的合作,让你对游戏的玩法体会得更深,你与小伙伴之间也更容易相处。

→ 不必太在意与小伙伴之间的小矛盾和不愉快的事儿

许多小伙伴一起玩,难免有一点儿小矛盾。其实,小伙伴之间的打闹更多的带有游戏的成分,是一种玩耍。在玩耍

的过程中，你能慢慢学会与周围的小伙伴交往。有一点儿小矛盾和不愉快的事情发生都是很正常的现象，所以你不必在意。

"小猴说社交"答案：小熊知道，一个人玩气球没什么意思，大家在一起玩才好玩、才高兴、才开心！因此，在人际交往中，尤其是在幼儿园里，我们不能一个人独自玩耍，和小伙伴们一起玩才是最开心、最快乐的！

去小伙伴家做客,我会懂礼貌、守规矩

> 小猴讲故事

小朋友,幼儿园里有好多的小伙伴,你有自己的好朋友吗?如果有,你去过他们家做客吗?做客,可是一门学问哟。你会做客吗?下面,我们来听一个关于小狗去小猫家做客的故事。

一天,小猫请小狗到她家做客。这天早上,小狗一不刷牙,二不洗脸,就跑到小猫的家门口。他踢了几下门,小猫正在厨房里做饭,没听见。小狗火了,用力地撞门,小猫连忙跑过来把门打开,把小狗请进了家门。进了小猫的家,小狗就舒舒服服地躺在了沙发上。小猫端来了糖果招待小狗,

小狗把糖果往嘴里一塞，把糖果纸扔在地上，就躺在沙发上看起了电视。

到了吃午饭的时候，小狗对小猫说："我要喝果汁！"于是小猫就下楼去给小狗买来了两瓶果汁。小狗喝果汁时，故意把果汁洒到了小猫身上，小猫气得不想吃饭了，心想这个邻居真没礼貌。吃完饭，小猫把她最心爱的玩具拿出来给小狗玩，小狗不但不好好玩，还故意把玩具弄坏了。

小猫终于忍不住了，伤心地哭了。小狗看见了，没有搭理小猫，反而一声不响地走了。

小猴考考你

小猫邀请邻居小狗到她家做客，小狗到小猫家后，全程让小猫伺候着，还弄坏了小猫心爱的玩具。小猫看着小狗的做法，伤心地哭了。小朋友，小狗这种行为好不好？这个故事听懂了吧，下面，我要考考你了哟。

1. 小狗到小猫家做客，小狗做了什么？
2. 小猫为什么伤心地哭了呢？

小猴说社交

在上面的故事中，我们可以看出，小狗和小猫是一对邻居，小猫热情地邀请小狗来做客，而小狗不懂怎么做客，气哭了小猫，小狗却一走了之。小朋友，想一想，小狗这种做客的方式对吗？为什么？我们应该怎么做？

答：_____

_____

_____

🔆 小猴小测验

小朋友，你去过小伙伴家做客吧？你也邀请过小伙伴到你家做客吧。你能再举几个这样的例子吗？

1. 周末，好朋友苗苗邀请我到她家做客。
2. 上周六，我邀请好朋友涛涛到我家做客。
3. 国庆假期，我和爸爸妈妈到姑姑家去做客。

🐵 小猴有话说

我们会经常和爸爸妈妈去别的小伙伴家或者亲戚家串门，爸爸妈妈在出门前一般会告诉我们一些做客的基本礼

节,让我们有礼貌地去别人家做客。那么,小朋友,具体该怎样做呢?

→ 进门主动向长辈问好

小朋友,当你去小伙伴家做客时,见到小伙伴的长辈们,第一件事就是打招呼、问好,如"叔叔好""阿姨好""爷爷好""奶奶好""哥哥好""姐姐好"等。

→ 讲究卫生,不乱动东西

小朋友,在小伙伴家里做客,要注意养成良好的卫生习惯,不能随地乱扔果皮纸屑,或者随地吐痰等,这样是非常不礼貌的。还有,在没有得到别人允许的情况下,不应乱动别人家的东西,应养成文明、守规矩的好习惯。

→ 接受别人的食物要及时说声"谢谢"

到小伙伴家里做客,大人都会热情地招呼吃水果、点心等,你不能直接拿起东西就吃,应该经过父母同意后再接过

来，并要及时说声"谢谢"。

→ 学会和小伙伴分享乐趣

在小伙伴家里玩耍时，要注意多和小伙伴们分享着玩，比如自己有个好游戏，就招呼大家一起玩，这样，小伙伴们就能非常融洽地在一起玩耍了。记住不要随便发脾气，否则别的小伙伴就不喜欢和你玩了，有委屈应该及时找爸爸妈妈去说，然后想办法解决。

> "小猴说社交"答案：不对。因为小狗不懂得人际往来，他的做法是没有教养的体现。我们要向小猫学习，做一个热情好客、懂文明有礼貌的好孩子。

幼儿园开运动会了,我也要报名参加

> 小猴讲故事

小朋友,一般每年的春季和秋季幼儿园都会开运动会,开运动会可热闹了,全园的小伙伴们都会参加,这可是你与全园的小伙伴一起玩的好机会,来吧,快报名参加吧!

春天来了,森林里贴出了一张告示,上面写着:森林运动会即将开始!请动物们积极报名,做好准备哦!比赛项目有跳高、跳绳、1000米长跑等。

动物们听到这个消息,都很兴奋。小兔子和袋鼠报了跳高,小鸭子和小猫报了跳绳,狮子、老虎、小鹿、小狗和小马报了1000米长跑。

比赛的日子终于到来了，动物们早早地来到了运动会举行的地方，过了一会儿，主持人松鼠大声地说："比赛开始了！"

比赛非常激烈，最终袋鼠获得了跳高冠军，小猫获得了跳绳冠军，但最精彩的是1000米长跑。

比赛开始了，动物们你追我赶。刚开始老虎、小鹿、狮子、小马跑在前面，小狗跑在后面。跑了一半左右，小马、小鹿、狮子、老虎都觉得自己处于领先位置，很有可能赢得冠军，就开始骄傲起来，相互间玩耍和聊起天来。可是，快到终点的时候，小狗突然追了上来，一下子冲到了终点。其他动物没有防备，都傻了眼。最后小狗得到了1000米长跑的冠军。

小猴考考你

一年一度的运动会是森林的动物们最喜欢的活动,大家聚在一起,享受比赛带来的乐趣。小朋友,幼儿园每年的运动会也要参加哟,那可是一次你展现运动才能和结交朋友的好机会哟!

下面,按照上面的故事,我要出题目考考你了哟。

1. 哪些动物参加了森林运动会?
2. 他们各自报名参加了哪些项目的比赛?
3. 动物们玩得开心吗?

小猴说社交

森林运动会是森林里所有的动物都参加的集体盛会,是一次难得的大家团聚的机会,因此,只要能参加的动物们都来了,并且都带来了各自的看家本领,在运动会上一展身

手。小朋友，想一想，为什么所有的动物都积极报名参加运动会呢？

答：_____

_____

_____

_____

小猴小测验

小朋友，平时你经常参加哪些集体活动？每次在活动中玩得开心吗？下面，请你举几个这样的例子。

1. 上周末，爸爸妈妈带我去参加幼儿园的亲子活动，玩得好开心。
2. 五一劳动节，我参加了儿童游乐园举行的拔河比赛，与一些不认识的小伙伴玩得很高兴。

3. 我经常参加小区举办的儿童围棋比赛,和一些大哥哥、大姐姐玩得很开心。

小猴有话说

每个人的成长都离不开集体,所以我们要尽快融入集体。小朋友,以下一些小技巧可以帮助你更好地融入集体。

→ 多与小伙伴们交流

与人交流少是造成一个人很难融入集体的主要原因。因此,小朋友,你平时要多与同学、小伙伴或者邻居交往,这样可以消除对人际交往的恐惧,更好地融入集体生活。

→ 提高你的语言表达能力

语言是人与人交流的重要工具,也是你融入集体的必备工具。一个人只有敢于表达、口齿清晰、思维敏捷,才能保证与他人之间的交流没有障碍。

→ 多参加集体活动

小朋友，你可以去参加一些集体活动，如少年宫组织的展览、科技馆的兴趣小组、儿童夏令营等。在这些集体活动中，你会认识更多的朋友，培养更多的兴趣，这会使你更加自信地融入集体。

> "小猴说社交"答案：运动会是一项集体活动，每个动物都是集体的一员，当然要参加了。我们小朋友平时要参加一些体育运动，特别是一些很多小朋友一起参与的体育运动和游戏，在运动和游戏中增加我们的自信，加强与其他小伙伴之间的沟通和交往。

邀请小伙伴来家里做客，我热情待客

> 小猴讲故事

小朋友，如果小伙伴到你家做客，你知道该如何待客吗？如果你不会，那听我给你讲一个故事吧。

小松鼠邀请好朋友们来做客，有小老鼠、小麻雀、小兔子和大象。

"叮咚！叮咚！"小老鼠来敲门，小松鼠开心地说："快请进，快请进，我做了你最爱吃的糯米糍粑。"

"叮咚！叮咚！"小麻雀来敲门，小松鼠开心地说："快请进，快请进，我做了你最爱吃的油炸小青虫。"

"叮咚！叮咚！"小兔子来敲门，小松鼠开心地说："快

请进,快请进,我做了你最爱吃的胡萝卜蔬菜沙拉。"

"叮咚!叮咚!"大象来了,小松鼠高兴地请大象进来,可是大象的脑袋进来了,身子却卡在了门外,大象有点儿不好意思。

大家见了,都说:"大象进不来,这可怎么办呀?"

小松鼠想了想,说:"没关系,我有个好主意,我们把餐桌搬到屋外的草地上吧!"

大家听了都说好。

在小动物们齐心协力的合作下,大大的、摆满食物的桌子被搬到了绿油油的草地上,大家度过了一个非常愉快的聚会。

> 小猴考考你

小朋友，故事讲完了。你听懂了吗？现在你知道该如何待客了吧。

1. 小松鼠为小老鼠、小麻雀和小兔子准备了哪些好吃的食物？
2. 小松鼠为什么不在家请他们吃饭，而是在屋外的草地上？

> 小猴说社交

从小松鼠请客的故事中，我们可以看到小松鼠很热情好客，为小老鼠、小麻雀和小兔子都精心准备了他们爱吃的食物，可见小松鼠诚心待客。当大象不能进入家门时，他们就把餐桌搬到了屋外，和大象一起分享。小朋友，想一想，小松鼠请客的故事说明了什么道理呢？

答：_____

_____

_____

小猴小测验

小朋友，在平时与小伙伴的交往中，你请小伙伴来你家做过客吗？你是怎样招待他们的呢？请列举几个这样的例子。

1. 周末，我邀请苗苗来我家做客，我买了好吃的水果和零食来招待她。
2. 五一假期，我邀请邻居小朋友来我家做客，我们玩得非常开心。

小猴有话说

邀请朋友来家里做客，是人际交往的一个很重要的手

段。会待客，你的人际关系更顺畅；不会待客，你的人际关系处处碰壁。

请客吃饭作为应酬交往中的一种礼节性行为，只有不失礼节，才会取得效果。

→ 提前准备好食物和玩具

小朋友，当你邀请小伙伴来家里做客时，你和爸爸妈妈应提前准备好吃的、喝的，最好根据每个小伙伴的爱好去买他们喜欢的东西。小伙伴来你家了，肯定要有玩的东西，因此你还得准备一些玩具。

→ 收拾房间，整理家务

小朋友，有小伙伴来你家了，你是主人，他们是客人。你要给客人提供一个干净的、舒适的、整洁的环境。因此，你和爸爸妈妈要提前把家里的东西收拾好，把地板打扫干净，这样他们来到你家才会感到心情格外好。

→ 送小伙伴出门，并说"再见"

小朋友，当小伙伴要回去时，你要记得送他们出门，并说"再见，希望下次再邀请你们来做客"等客气的话。

"小猴说社交"答案：邀请朋友来家里做客是人际交往中的一种礼节性的行为，在我们的生活中会经常见到。它是活跃人际关系的重要方式，主人要热情待客、周到服务，这样大家在一起才会高兴。

第五章　我把快乐分享给小伙伴们

　　小朋友,当你有好吃的东西、好玩的玩具,还有好听的、有趣的故事时,你会与其他小朋友一起分享吗?

　　你快乐了,那是一份快乐,你与他人分享了,就会变成两份快乐,甚至更多的快乐。因此,小朋友,要记得与别人分享快乐哟。

我有一本有趣的书，借给你读一读吧

小猴讲故事

小朋友，如果你的妈妈给你买了一本有趣的书，你很喜欢，你的同学看到了，也想读一读，你会借给他读吗？

下面，让我们看一看小兔子是怎么做的吧。

兔妈妈知道小兔爱读书，就给他买了一本非常有趣的图画书，小兔子十分喜欢，就把书带到了幼儿园。

小兔子的同学小狗看到了，也想读一读，于是问小兔子："小兔子，你的新书真有趣，能借给我读几天吗？"

小兔子爽快地回答："当然可以，我们是好朋友，你拿去读吧！"

小狗很开心，对小兔子说："谢谢你，我家里也有一本有趣的书，明天我给你带来让你也看看吧！"

小兔子对小狗说："好，也谢谢你！以后咱们有了好看的书，就交换着读吧！"

小狗愉快地同意了小兔子的建议，从此他们就一起分享有趣的图书。

小猴考考你

小朋友，这个故事讲的是小兔子把自己喜欢的图书分享给小狗的故事，你听懂了吗？下面，就请你回答几个小问题吧。

1. 小兔子把自己的图书借给小狗读，小狗开心吗？
2. 小狗家里也有好看的图书吗？他对小兔子说了什么？

小猴说社交

小朋友，小兔子把自己心爱的图书借给小狗读，小狗很开心，承诺也要借给小兔子一本图书，你觉得好朋友应该彼此分享图书吗？为什么？

答：_____

_____

🔅 **小猴小测验**

小朋友，如果你也有一本有趣的图书，去幼儿园时被其他小朋友看到，你会借给他们吗？

1. 上周妈妈给我买了一本图书，我借给了同桌小涛。
2. 我们家有个小小图书馆，周末我邀请小伙伴们一起去图书馆读书。

🐵 **小猴有话说**

小朋友，你知道吗？把你的图书分享给别人，你会很开心的。你开心了，别人也会很高兴，这样大家都快乐了。这真是一件两全其美的事情哟。

那么，我们平时该如何做呢？

→ **主动把图书借给小朋友**

小朋友，当你新买了一本有趣的图书时，要主动对小朋

友说:"我新买了一本图书,很有趣,你想看看吗?我可以借给你看几天。"

→ 把家里有什么书都告诉小朋友

小朋友,你家里的小图书馆藏了什么有趣的书呢?把它们的名字一一记下来,告诉给其他小朋友吧!如果他感兴趣,你一定要借给他读一读哟。

> "小猴说社交"答案:应该,因为分享图书既能让小兔子和小狗掌握更多的知识,又能让他们的友谊更深厚。

让我们一起来玩玩具小火车吧

🥣 小猴讲故事

小朋友，如果你手中有一件好玩的玩具，你特别喜欢，这时，有一个小朋友想与你一起玩，你会与他一起玩吗？

下面，让我给你讲一个小狗、小羊、小兔和小鹿玩玩具的故事吧。

小狗过生日时，狗妈妈送给小狗一个玩具小火车。小狗高兴极了。

一天，小羊到小狗家，对小狗说："我来找你玩。"小狗说："我不去玩了，我现在在玩我的玩具小火车呢。"小羊也想玩，问："我可以跟你一起玩吗？"小狗说："不行。"说

完,小狗把门"啪"的一声关上了。

小羊伤心地离开了。他只好去找小兔、小鹿玩去了。过了几天,小狗想起和小羊、小兔、小鹿玩耍时的快乐,自己的玩具小火车又玩腻了,于是,他决定去找小羊、小兔、小鹿玩。

找到他们后,小狗对小羊说:"对不起啊!小羊,那天我不应该那样对你说话。"小羊说:"没关系。"小兔说:"那我们可以去你家玩玩具小火车吗?"小狗说:"当然可以,我们现在就去吧!"小鹿说:"走吧!"他们又一起到小狗家玩了。

> 🐵 小猴考考你

小朋友，刚才讲的是小狗、小羊等几个小动物玩玩具小火车的故事。你听懂了吗？下面，我要考考你了。

1. 小羊想与小狗一起玩玩具小火车，为什么小狗不让小羊玩呢？
2. 后来，小狗为什么又同意小羊、小兔他们一起去玩玩具小火车呢？

> 🤝 小猴说社交

小朋友，从上面的故事可以看出，小羊对玩具小火车很感兴趣，想与小狗一起玩，但小狗不同意。小羊只好找别人玩去了。后来，小狗玩腻了，想找小羊、小兔他们玩。小兔提出想玩小火车，小狗终于答应他们一起去玩。小朋友，想一想，这个故事说明了什么呢？

答：_____

_____

_____

_____

_____

小猴小测验

小朋友，别人想玩你的玩具，你会同意吗？你愿意让别的小朋友和你一起玩吗？如果你愿意与别人分享，除了分享玩具，你还分享过其他什么吗？请说一说。

1. 妈妈给我买了好吃的巧克力糖果，我送一颗给我的好朋友苗苗。

2. 奶奶给我买了玩具小飞机，我邀请好朋友琪琪一起玩。

3. 欢欢想和我一起看我的图画书，我答应他一起看。

4. 我过生日，我邀请好朋友苗苗、琪琪和欢欢一起来参加生日晚会。

小猴有话说

小朋友，你知道吗？分享不只是一种行为方式，更是一种美德。学会分享，关键在于体验。体验分享，才能从内心理解分享的意义。

那么，我们平时该如何做呢？

→ 多看一些关于分享的图书

书是人类进步的阶梯，读书会让你懂得思考，学会分享。可以定期与爸爸妈妈亲子共读，同时培养亲子之间的感情。

→ 选择合适的分享物品

小朋友，与别人分享物品，你要看清楚了，一般分享的

大都是玩具、图书和一些好吃的食品。你的书包、衣服、鞋子可不能拿来与小朋友一起分享哟。

> "小猴说社交"答案：说明了在人际交往中，有好东西要和朋友一起分享，不要太自私。一个人玩快乐是有限的，与大家一起玩才是最大的快乐。你快乐了，别人也快乐了，何乐而不为呢？

饼干太好吃了,你也吃一块吧!

小猴讲故事

　　小朋友,你喜欢吃饼干吗?如果你手中有一盒非常好吃的饼干,你正在吃,这时,一个小朋友过来了,你会怎么做呢?你是自己吃,还是递给他一块呢?如果你不知道怎么做,先听我给你讲一个故事吧。

　　狗妈妈对小狗说:"妈妈做了很多饼干,你给奶奶送去吧!"

　　小狗点点头,把香甜的饼干装在小篮子里,提着篮子蹦蹦跳跳地出发了。

　　小狗走啊走,走啊走,碰到了一只小蚂蚁,小蚂蚁呜呜

地哭泣着，小狗走过去问："你怎么啦，小蚂蚁？"小蚂蚁说："我一天都没吃东西了，肚子好饿呀！"小狗从篮子里拿出一块饼干说："小蚂蚁，给你一块吧！"小蚂蚁高兴极了，连声道谢。

小狗又走啊走，走啊走，碰见了小猴子，小猴子闻见了小狗篮子里的香味，不禁流出了口水。

"小猴子，你也想吃吗？"小狗问。

小猴子眨了眨眼睛，点了点头。小狗拿出一块饼干，送给了小猴子。小猴子感谢道："谢谢你，小狗哥哥。"

一路上，小狗还把饼干送给了小熊、小猪、小麻雀……最后篮子里只剩下一块饼干了。

终于，小狗来到了奶奶家。"奶奶……我给您送饼干来了……"小狗支支吾吾地说，"可是……我把它们送给了小动物们……"小狗向奶奶解释了一路上发生的事情。

奶奶听了，笑着摸了摸小狗的头，说："好孩子，你做得对，有好吃的东西记得与大家一起分享，这样大家都会喜欢你！"

小狗听了，点了点头，开心地笑了。

 **小猴考考你**

　　小朋友，刚才讲的是小狗把本该送给奶奶的饼干分给森林里的小动物们的故事。小朋友，你听懂了吗？下面，我要出几个小问题考考你了。

1. 小狗把饼干分给了哪些小动物？
2. 到了奶奶家，奶奶对小狗说了些什么？

小猴说社交

小朋友，当小狗来到奶奶家的时候，篮子里只剩下一块饼干了，听了小狗的解释，奶奶不但没有责怪小狗，反而夸奖了他，为什么呢？

答：_____

_____

_____

小猴小测验

小朋友，小狗与小动物们共同分享饼干，得到了小动物们的感谢和喜爱。那么，你有好吃的东西也要记得与小朋友一起分享哟。想一想，平时你有与小朋友分享好吃的事例吗？请说一说。

1. 妈妈买回来一大袋苹果，我把最大的苹果送给了爷爷。
2. 我正在吃巧克力，我的好朋友小雨来了，我给了他一颗巧克力。
3. 我在路上吃糖果，碰见了刘老师，我递给他一个糖果。

小猴有话说

小朋友，把好吃的东西分享给别人，别人夸奖了你，你是不是觉得很开心呢？你开心了，别人也开心了，这样大家都开心了。这是不是很好的一件事情呢？

那么，我们平时该如何做呢？

→ 把好吃的东西分享给熟悉的人

小朋友，有好吃的，你不仅要和小朋友一起分享，还要与爸爸妈妈、叔叔阿姨、爷爷奶奶、姥姥姥爷等长辈们分享哟。这些是你熟悉的人，陌生人就不要分享了。

→ 别人不吃，不必强迫别人吃

小朋友，当你把好吃的东西分享给别人时，别人可能不喜欢吃或者有其他原因不愿吃，这时你不要强迫别人吃。你也不要感到委屈和失意，因为每个人爱吃的东西都不一样。

> "小猴说社交"答案：在送饼干的路上，小狗碰到了好多小动物，他们都想吃香甜甜的饼干，小狗把饼干分给他们吃了，虽然最后给奶奶的只有一块饼干了，但奶奶认为小狗做得对，因为小狗学会了与小动物们共同分享。

我有好多有趣的故事，讲给你听听

> 小猴讲故事

小朋友，你的爸爸妈妈经常带你出去玩吗？当你在外面看见好玩的、好吃的或者有趣的事情时，会讲给别人听吗？如讲给爷爷奶奶、叔叔阿姨或小朋友们听。如果你还没有这么做，那么，听我给你讲一个故事吧。

在一片美丽的森林里，有一只聪明的小猴子，他经常到森林外面的世界去游玩，他见到好多森林里没有的东西，回来后就讲给小动物们听，小动物们都非常喜欢他。

有一天，小猴子游玩回来了，小动物们来到小猴子家听他讲外面的故事。谁知，小猴子觉得有些厌烦了，心想：我

这么有知识,为什么要和这些没知识的"笨蛋"一起玩呢?于是,小猴子把动物们都赶走了。

他把动物们赶走以后,又一个人出去游玩了。一个月之后,小猴子回到森林里,那些小动物们也不来他家听他讲外面有趣的故事了。小猴子觉得一个人好孤单,坐在门口发呆。

这时,一只喜鹊从小猴子家门前经过,看见小猴子发呆的样子,赶紧安慰他,小猴子惭愧地对喜鹊说:"谢谢你,我知道以前把你们这些好朋友赶走是不对的,你能把别的朋友再请来我家玩,一起听我讲外面的故事吗?"喜鹊点头答应了。

动物们很快又来到了小猴子家,开心地听小猴子讲外面的故事。小猴子开心地笑了,暗想:有趣的东西一定要和大家一起分享,这样才会更加快乐啊!

从此,小猴子每次回来都会给小动物们讲外面的故事,动物们非常高兴。小猴子生活在欢乐的气氛中,感到无比的幸福!

> ❓ **小猴考考你**

　　小朋友，听完了这个故事，你有什么感想呢？小猴子的故事对你有什么启发呢？我先问你两个问题，也许会对你有所启发。

1. 小猴子为什么赶走了小动物们？

2. 后来，小动物们为什么又来听小猴子讲故事？

小猴说社交

开始的时候,小猴子很乐意和小动物们分享外面有趣的故事,后来小猴子自大起来,赶走了小动物们,结果时间久了,他感到很孤单,后来在喜鹊的帮助下,小动物们又来听小猴子分享外面的故事,小猴子也感到十分开心。小猴子经历的这件事情,说明了什么呢?

答:_____
_____
_____

小猴小测验

小朋友,当你看到有趣的事情时,是不是想要和大家一起分享呢?答案是肯定的。与大家分享了,别人感到了快乐,你会得到更多的快乐。想一想,平时你和大家分享过哪

些有趣的事情？请说一说。

1. 老师带我们去动物园看动物表演，回家后我讲给爸爸妈妈听。
2. 周末我在公园里看到好多漂亮的花，我讲给我的好朋友苗苗听。
3. 我在书中看到一个有趣的故事，我讲给叔叔阿姨听。

小猴有话说

小朋友，你把有趣的、好玩的故事分享给大家，你开心了，别人也开心了，这样大家都开心了。

那么，我们平时该如何做呢？

→ 多搜集一些有趣的故事

小朋友，要想讲故事给别人听，你平时就要多搜集一些有趣的故事，这样才能讲给别人听。搜集的故事可以是从故事书里看到的，也可以是听大人们讲的，只要你用心，就一

定能讲出有趣的故事。

→ **经常讲故事给别人听**

小朋友,你知道吗?熟能生巧,只有经常讲故事给别人听,你讲的故事才能越来越吸引人。所以,你要经常讲故事给爸爸妈妈听,给爷爷奶奶听,给小伙伴们听,慢慢地他们就会越来越喜欢听你讲故事了。

> "小猴说社交"答案:在人际交往中,有趣的东西记得要和大家一起分享,大家感到快乐了,你也会收获快乐。

我要邀请小朋友们一起过生日

小猴讲故事

小朋友,每年一次的生日你是怎样过的?和谁在一起过的呢?邀请了其他人参加吗?下面,我们来看看小羊的生日是怎样过的。

明天是小羊的生日,他邀请了许多小动物来参加生日宴会。

小白兔收到了请帖,心想:我最喜欢吃胡萝卜了,干脆我挑几个最大、最好、平时都舍不得吃的胡萝卜送给小羊吧!

小狗也收到了请帖,心想:我最喜欢吃热骨头了!干脆我煮几根热骨头送去吧!

小熊和小猫也都收到了请帖,小熊准备了香甜的玉米,

小猫准备了可口的鱼……

小羊准备好了一个香草蛋糕。

第二天生日到了,大家排好队,一个一个地给小羊送礼物,小羊连声说:"谢谢!谢谢!"

等收完了礼物,小羊感激万分地对大家说:"很感谢大家来参加我的生日宴会,也很感谢大家送给我的礼物!"

送完东西,大家做起了游戏,玩得十分开心。

最后,要吃蛋糕了。小羊把热骨头递给了小狗,把胡萝卜给了小白兔……

大家不解地问:"你为什么要把东西还给我们呢?"

小羊笑眯眯地回答:"你们的心意我已经收下了,这是我给你们的礼物啊!"

大家点点头，吃起了自己带来的美味可口的食物，小羊也吃起了香草蛋糕。他们快乐地度过了这个生日！

❓ 小猴考考你

小朋友，听完了小羊过生日的故事，下面来回答几个小问题吧。

1. 小羊邀请了哪些小动物来参加生日宴会？
2. 小动物们各自带来了哪些礼物？

小猴说社交

小朋友，请想一想，小羊过生日，他没有自己一个人过，而是邀请了很多小动物一起过，这是为什么呢？

答：_____

_____

_____

🔆 小猴小测验

小朋友,当你过生日时,你会邀请小朋友们来一起过生日吗?想一想,你准备邀请哪些人?请说一说。

1. 我准备邀请我的好朋友苗苗、涛涛、妞妞等一起来参加。
2. 我还要邀请我的老师一起来。
3. 我还要邀请邻居小朋友来参加。

🐵 小猴有话说

小朋友,你知道吗?与大家一起过生日,不但人多气氛活跃,而且能加深与小朋友之间的感情,这可是一举两得的事情哟。因此,过生日记得邀请亲朋好友一起来参加哟。

→ 把生日宴会录成视频，与远方的亲朋好友一起分享

小朋友，当你过生日时，你远方的亲朋好友不能亲自参加，那怎么办呢？你可以将宴会的过程录成视频，发给远方的他们，这样不就可以与他们一起分享了吗？你说是不是呢？

→ 与小朋友们拍照留念

在生日宴会活动过程中，你可以请你的爸爸妈妈帮忙拍照，留下你们开心快乐的笑脸和身影，这样，以后就可以随时与小朋友们一起分享那时的快乐了。

> "小猴说社交"答案：过生日是一件很快乐的事情，快乐与大家一起分享，又增加了更多的快乐。因此，小羊邀请了小动物们一起来参加，这样大家就可以一起分享生日带来的快乐和祝福。

第六章　遇到困难事，我有办法

在社会交往过程中，总会遇到各种困难。小朋友，你们虽然还小，但是要学会如何面对困难。

在遇到困难时，先不要急着去求教大人，应想办法自己去解决问题。这样不仅能养成独立思考问题的好习惯，而且对自己今后的发展与成长都有很多好处。

没有人陪我，我不怕孤单

🐵 小猴讲故事

小朋友，我们每天都和身边的人在一起玩耍和学习，如果哪一天你的爸爸妈妈有事要出远门或者你的同学转学了，你会适应吗？你要知道，每个人都会有有事的时候，当你的爸爸妈妈或者小伙伴不在你身边时，你要学会适应。

下面，我给你讲个故事，你就明白其中的道理了。

一天，虎爸爸和虎妈妈有急事出门了，只剩下小老虎一个人在家。

小老虎觉得很孤单，于是伤心地哭了。

长颈鹿阿姨听到哭声，问小老虎："小老虎，你怎么了，

告诉阿姨为什么哭呀？"

小老虎说："爸爸妈妈都出去了，没人陪我玩，我害怕孤单。长颈鹿阿姨，您能陪我玩吗？"

长颈鹿阿姨满含歉意地说："对不起，小老虎，我今天也有事，一会儿要出一趟远门，你可以自己跟自己玩呀，这样就不孤单了。"

小老虎疑惑地问："自己跟自己玩？怎么玩？"

长颈鹿阿姨回答："你可以做自己喜欢做的事，比如看书、看电视、唱歌、跳舞、打篮球。"

小老虎止住了哭声，拿起篮球一个人玩起来，他再也不怕孤单了。

没人陪我，我也不怕孤单了！

小猴考考你

小朋友，故事讲完了，你听懂了吗？如果你听懂了，我问两个小问题，你试着回答一下，怎么样？

1. 小老虎为什么伤心地哭了？
2. 后来，小老虎为什么又变得开心起来？

小猴说社交

小朋友，在回答完这两个小问题后，你有没有想过这样一个问题：小老虎刚开始一个人在家，没有人陪他玩，他感到很伤心。后来，长颈鹿阿姨建议他自己跟自己玩，小老虎又变得开心起来。这个故事说明了什么呢？

答：_____

小猴小测验

小朋友,当你找到自己的兴趣时,就不怕没人陪你玩了。你知道自己有哪些兴趣吗?

1. 我平时喜欢跳舞,没人陪我玩时,我就一个人跳舞。
2. 我平时喜欢看书,没人陪我玩时,我就一个人看书。

小猴有话说

每个小朋友都不喜欢孤单,都希望有别人陪自己玩,可是有时别人要忙自己的事,所以小朋友只能自己跟自己玩。那么,如果没有人陪你一起玩,你该怎么办呢?

→ **平时注意培养兴趣爱好**

如果真的没人陪你玩,你可以做你喜欢做的事情,这样你就不会感到孤单了,这需要你在平时多培养自己的兴趣爱

好,如唱歌、跳舞、看书等。

→ 玩一个人也可以玩的游戏

小朋友,你知道吗?有许多游戏一个人也可以玩,比如魔方、拼图、打篮球、画画、捏泥人等。所以,如果你身边没有人陪你玩耍,你可以一个人玩这些游戏哟!

> "小猴说社交"答案:当没人陪我们玩时,我们不要感到伤心,也不要哭,应该做一些有意义的事情,这样我们就不会感到孤单了。

总是打断别人说话，我要改掉插嘴的毛病

🐵 小猴讲故事

小朋友，当别人正在谈话时，你打断过他吗？随便打断别人说话或中途插话，是一种不礼貌的行为哟。这种行为往往在不经意间就破坏了你与别人之间的人际关系。

下面，我给你讲个故事，你就明白其中的道理了。

有一只小白兔，非常聪明又可爱，但他有一个不好的毛病——爱打断别人说话。

有一次，兔妈妈正在和黑熊阿姨通电话，小白兔突然冲到妈妈身边拉扯妈妈，还不停地叫："妈妈！妈妈！"兔妈妈耐不住小白兔的纠缠，只好挂断了电话。

在小白兔两三岁的时候，兔爸爸和兔妈妈一直觉得小白兔这样能言善辩挺好，可是小白兔幼儿园快要毕业了，却养成了不论在什么样的场合，都会有意无意打断别人谈话，发表自己意见的坏习惯。有时候，兔妈妈和兔爸爸正在聊天，小白兔会捂住爸爸的嘴，让爸爸妈妈听自己说话。更为严重的是，幼儿园其他的小动物都不爱和小白兔说话，小白兔身边也没有什么朋友。

因此，兔爸爸和兔妈妈感觉特别苦恼。

? 小猴考考你

小朋友，故事讲完了，你听懂了吗？如果你听懂了，我问两个小问题，你试着回答一下，怎么样？

1. 为什么小白兔身边没有什么朋友？
2. 兔爸爸和兔妈妈为什么感到很苦恼呢？

小猴说社交

小朋友，小白兔因为爱打断他人说话这个坏毛病搞得自己没有了朋友，父母特别苦恼。你知道是什么原因吗？

答：_____

_____

_____

_____

小猴小测验

小朋友，通过小白兔的故事，我们知道了不能轻易打断别人的谈话，这是社交礼仪的基本原则。在平时的交往中，你打断过别人的谈话吗？请列举几个例子。

1. 有一次，爸爸正在和别人通电话，我吵着让爸爸带我出去玩，爸爸无奈地挂断了电话。

2. 幼儿园的刘老师和李老师正在谈工作,我不停地叫李老师帮我画画。

3. 邻居阿姨正在和妈妈聊天,我在旁边一直喊着"妈妈"。

小猴有话说

很多人都不喜欢别人打断自己说话,总是喜欢打断他人说话的人是非常没有礼貌的。小朋友,如果你想在与人交际时让别人喜欢你,就不要随便打断别人说话。

→ 与人相处,学会倾听

别人说话,学会倾听,这是对别人尊重的表现,也是与人相处的技巧。良好的听话能力是获得知识的前提,所以要学会倾听、乐于倾听,在倾听中不断进步,不断成长。

→ 如需打断,请使用礼貌的方式

小朋友,如果真的需要打断别人谈话,那么,在打断别

人前，要有礼貌地说一句："请原谅！我有个问题。"如果你使用了礼貌的方式，别人就不会责怪你。

> "小猴说社交"答案：在交际场上，不可轻易打断别人的话。认真倾听别人谈话，是对别人的一种尊重。每个人都不希望自己的话被别人故意打断，一旦被人打断，无论是谁心情都不会好的。

与小伙伴闹矛盾，用幽默来化解

> 小猴讲故事

小朋友，当你和小伙伴一起玩的时候，如果你们因为一点儿小事而发生矛盾，你是大吵大闹？还是大打出手？抑或顺势走开呢？如果你不知道如何处理，那么请你先看看下面这个故事吧。

在幼儿园里，贪吃的小猪抢走了小猴的食物，小猴很生气，责问小猪："你为什么抢我的食物？"

小猪委屈地说："因为我每次都吃不饱，而你每次都吃不完。"

小猴不满地说："那你也不能抢我的食物呀，我都已

经这么瘦了,你还抢我的食物,等刮了大风,你就找不到我了。"

小猪不解地问:"为什么找不到你?"

小猴幽默地说:"因为我没吃东西,就更瘦了,刮了风,我就被风吹跑了。"

小猪听小猴这么说,不好意思地笑了,意识到自己不该这么做,于是把食物还给小猴,并向小猴道歉。

🟢 ? 小猴考考你

小朋友，小猪和小猴的故事讲完了，你听懂了吗？如果你听懂了，请你回答下面这两个问题吧。

1. 小猪为什么抢小猴的食物？
2. 后来，小猪为什么又乖乖地把食物还给小猴并向小猴道歉？

🟢 小猴说社交

小朋友，通过这个故事，我们不得不佩服小猴的幽默机智，用一句玩笑话就化解了这场冲突，同时让小猪意识到了自己的错误。这说明了一个什么道理呢？

答：_____

_____

_____

💡 **小猴小测验**

小朋友,通过以上知识的学习,当你与小伙伴发生矛盾时,你应该知道如何处理了吧。下面,你可以再列举几个这样的事例吗?

1. 涛涛不会玩玩具火车,生气了,还摔坏了我的玩具,我笑笑说:"旧的不去,新的不来。我刚好有理由叫我爸爸买个新的了。"
2. 妞妞当着许多小伙伴的面说我长得像电线杆似的,我微微一笑说:"我吃饭少,省饭钱!"

小猴有话说

小朋友,当你与他人一起参加集体活动、社交活动的时候,难免会发生一些意想不到的事情。由于是公共场合,难免会让人觉得不好意思,如何来应对这种场面呢?如何做到冷静处理，尽量缓和气氛，以免造成更大的麻烦呢？比较好的方法就是用幽默来化解。

→ 要有乐观、宽容的心态

要想学会幽默，先要宽容大度，不要斤斤计较。还要有乐观的心态，当遇到困难时，心态要保持平和。

→ 培养自己的幽默感

小朋友，你知道吗？经常读幽默故事或听相声可以培养自己的幽默感，所以你可以经常读一些幽默故事或者听一些相声。

"小猴说社交"答案：说明幽默在人际交往中对化解矛盾有很大的作用。幽默不仅能缓和紧张的气氛，还能够比较好地解决问题。

小伙伴不和我玩，我不怕被孤立

小猴讲故事

小朋友，你是否有过这样的经历，当你邀请其他的小伙伴一起玩的时候，他们不想与你玩，你怎么办呢？如果你不知如何是好，那么请你先看看下面这个故事。

从前，有一只蜜蜂长得非常难看，且身材胖乎乎的。动物王国的居民们都看不起她。蜜蜂看见一只漂亮的蝴蝶在花丛中飞来飞去，友好地说："蝴蝶姐姐，我能和你一起玩吗？"蝴蝶不耐烦地说："看你多丑，我多漂亮，你配和我一起玩吗？"蜜蜂听了很伤心，慢慢地飞走了。

飞着飞着，蜜蜂又看见了一只身材矫健的蜻蜓在空中

翩翩起舞。她很有礼貌地说:"蜻蜓哥哥,我能和你一起玩吗?"蜻蜓冲蜜蜂翻了个白眼,生气地说:"你哪有资格跟我玩,看你那胖乎乎的身体多难看。"蜜蜂听了,又伤心地飞走了。

她飞呀飞呀,看见一大片金黄色的油菜花,美丽极了。她闻了闻,真香啊!她决定精心照看这些油菜花,让这些花长得更美、更香。

每天早晨,蜜蜂为这一大片油菜花浇水,一直到中午。吃完午饭后,又帮助花儿们传播花粉,有的花儿长了虫子,她就给花儿治虫。就这样,蜜蜂每天辛勤地劳动着。

几个月以后,一天早晨,蜜蜂去小河边提水浇花,忽然看见河水里倒映出一只美丽的花仙子。这是我自己吗?蜜蜂不停地问自己。是的,这位花仙子就是蜜蜂自己。原来,经过几个月的辛勤劳动,蜜蜂胖乎乎的身材变得苗条了。

蜜蜂别提有多开心了!她跳着、叫着。这时,旁边的小动物们都过来围观。蝴蝶和蜻蜓也来了,他们觉得以前对蜜蜂太无理了,感到很惭愧。但蜜蜂不计前嫌,还是与他们一

起玩,后来他们都成了好朋友。

> ? 小猴考考你

小朋友,小蜜蜂的故事讲完了。由于小蜜蜂的身材不好看,动物王国的居民们都看不起她,不和她一起玩。后来,小蜜蜂辛勤劳动,得到了他们的赞扬,他们又和小蜜蜂一起玩了。下面请你回答两个问题吧。

1. 蝴蝶和蜻蜓为什么不和小蜜蜂一起玩?

2. 后来，动物王国的小动物们为什么又和小蜜蜂一起玩了？

小猴说社交

小朋友，请你想一想，当蝴蝶和蜻蜓不和小蜜蜂一起玩时，小蜜蜂很伤心，去照看油菜花，通过辛勤的劳动，小蜜蜂变成了花仙子，小动物们都很羡慕她。这又说明了什么道理呢？

答：_____
_____

小猴小测验

小朋友，通过以上知识的学习，当小伙伴拒绝和你玩时，你应该知道该如何去做了吧。除了这种办法，你还有其

他的办法吗?

1. 涛涛不和我一起玩,我拿出他最爱玩的玩具独自玩,他忍不住和我一起玩了。

2. 苗苗不和我一起玩,我去找别的小伙伴一起玩。

3. 妞妞不想和我一起玩,我问她为什么不和我一起玩。她指出我的缺点,我改正过来之后,她又和我一起玩了。

小猴有话说

小朋友,被小伙伴孤立是常见的事。如果你长期被孤立,就要重视了,弄清楚原因,如果是你自身的问题,就要积极纠正,否则很难合群。

→ 学会与不同性格的小伙伴相处

与小伙伴在一起玩,吵吵闹闹是很正常的事情,不要因为这个远离群体,这样会更难以融入群体。同时,要积极地

学会和不同性格的小伙伴相处、做朋友。

→ 与小伙伴的矛盾自己处理

如果你与小伙伴有了一点儿小矛盾，应学会自己去处理。只要没有危险，我们就不用求教于大人，因为处理这些矛盾冲突本身就是锻炼人际交往能力的大好机会。

> "小猴说社交"答案：小蜜蜂经过自己的努力赢得了大家的赞美。说明了在人际交往中，别人看不起你，不和你玩，这些都没关系。你要通过努力让别人对你刮目相看，这样才能赢得别人的尊重。

总是犯同样的错误,我要彻底改正过来

小猴讲故事

小朋友,你犯过错误吗?当你犯错误后,你改正过来了吗?这次之后你还会多次犯同样的错误吗?如果是,就要下决心彻底改正了,不能再犯同样的错误。

最近,小猪总是犯错误,而且是同样的错误,犯了一次又一次,总是改不了。小猪心里非常苦恼。

一天,小猪跑得太快,碰坏了小白兔的文具盒。小白兔见了,哭了起来,小猪不但不帮小白兔修理文具盒,还继续弄坏小马、小鸡、小牛的物品。

大家一起到黑熊老师那去告状。黑熊老师听了说:"叫小

猪同学到我办公室来。"小猪来了，黑熊老师严厉地说："小猪同学，你犯了错不仅不改正，还继续犯错，这是不对的。"

不知道是小猪没有听见还是故意装作没有听见，等了好一会儿，小猪还是一句也没有回答。

回到教室，小猪红着脸、低着头一言不发地回到了自己的座位上，周围的同学看到小猪这副样子，都关心地问："小猪，你这是怎么啦，发生什么事了呀？能和我们说说吗？看看我们能不能帮助你。"

小猪一脸不高兴地说："我犯了一次又一次的错，总是控制不好自己，难道我真的这么笨吗？"

同学们听了后，都安慰小猪说："小猪，我们会帮你改掉这些坏毛病的，你一定会成为大家喜欢的小朋友的。"小猪这才露出可爱的笑容，并说以后再也不犯错了，要彻底改过来。

? 小猴考考你

小朋友,小猪的故事讲完了。犯错误不可怕,最重要的是不要总是犯同样的错误。小猪就是这样,有了大家的帮助,小猪一定会改过来的。小朋友,你说呢?

1. 为什么大家向黑熊老师告小猪的状?
2. 小猪为什么有信心能够改正错误?

小猴说社交

小朋友,看了小猪的故事,你以后犯错时就应该有信心改正了吧。你再想一想,小猪为什么说他有信心改正错误呢?

答:_____

_____

_____

小猴小测验

小朋友,通过对以上知识的学习,当你总爱犯同样的错误时,你应该知道如何处理了吧。下面,你可以再列举几个这样的事例吗?

1. 我吃饭时爱玩玩具,总是改不了,爸爸妈妈鼓励我慢

慢改，我听他们的话，终于改掉了这个毛病。

2. 在幼儿园，我总是爱动，静不下来。老师鼓励我每天在椅子上多坐一分钟。

小猴有话说

小朋友，我们的成长是一个不断犯错、不断改善的过程。犯错误是很正常的事情，我们不必惊慌。但是犯错误之后，我们要想着用什么办法改正过来。值得一提的是，我们不要总是犯同样的错误。

→ 勇于承认自己的错误

只有敢于承认错误，汲取教训，才能去想办法改正，才能在以后的生活中少犯错误，使自己进步得更快。

→ 寻求别人的帮助

因为我们年龄还小，所以有些错误我们发现不了，这时

需要请求爸爸妈妈、老师和同学指出我们的错误,请他们帮助我们、监督我们,一起想办法改正错误。

→ 下定决心去改正

犯一次错误在情理之中,但是如果总是犯同样的错误,那就不合情理了。这时需要下定决心去改正,否则就不会进步。

> "小猴说社交"答案:他得到了大家的安慰,并且大家都帮助他改正。有了大家的鼓励和支持,小猪就有信心改正过来了。因此,在人际交往中,有了大家的帮助,任何困难都能克服的。